Der Autor

Es begann alles beim Schachspiel. Gegner des Autors war ein Gerät namens Mephisto, das teuflisch gut mit Dame und König umgehen konnte und ihm ein ums andre Mal drastische Niederlagen bescherte. «Wie um alles in der Welt», dachte der Autor, «ist es möglich, daß mich eine Kiste voller Silizium nach Lust und Laune besiegt, wo doch meine Natürliche Intelligenz seiner Künstlichen Intelligenz überlegen sein sollte?» Dieser Frage ist er bis heute nachgegangen, hat dabei mit mehr als 1000 verschiedenen Mikrocomputern gespielt und gearbeitet, gelebt und gelitten, hat fünf Jahre lang als Chefredakteur zweier Computerzeitschriften (Data Welt und PC Praxis) versucht, andere Menschen für die gleiche philosophische Frage zu interessieren, und hat mehr als 25 Bücher rund um den persönlichen Computer geschrieben. Mehr und mehr hat er sich dabei die Maschine untertan gemacht. Bis sich eines Tages sein Lieblingscomputer mit einem «System-Error XXY001» für immer von ihm verabschiedete und er plötzlich einsah, daß auch Computer eine Seele haben. Aus dieser Einsicht entstand das vorliegende Buch.

Der Autor (Jahrgang 1952) hält sich zur Zeit insgesamt sechs persönliche Computer: Einen Mac Plus, einen Mac SE, einen Mac II, einen 386er, einen Laptop und einen Z88 – die Maschinen fühlen sich offensichtlich wohl bei ihm. Außerdem ist der Autor mit einer Frau verheiratet, die ebenfalls an einem Computer arbeitet, er hat aber zwei Kinder und zwei Katzen, die sich überhaupt nicht für Tastaturen, Bildschirme, Disketten und Drucker interessieren.

Rainer Bartel

Computer leiden leise

Vom liebevollen Umgang mit Computern

Mit Karikaturen von
Mathias Hütter

rororo
Rowohlt

rororo tomate
herausgegeben von Klaus Waller

13.–16. Tausend November 1991

Originalausgabe
Veröffentlicht im Rowohlt Taschenbuch Verlag GmbH,
Reinbek bei Hamburg, November 1990

Umschlaggestaltung Barbara Hanke
Umschlagillustration Mathias Hütter
Satz Bembo (Linotronic 500)
Gesamtherstellung Clausen & Bosse, Leck
Printed in Germany
680-ISBN 3 499 12777 6

Inhalt

Vorwort

Schon seit Jahrtausenden hält der Mensch Haustiere. Zunächst begleiteten halbwilde Hunde die umherziehende Horde Steinzeitmenschen, mit der Seßhaftigkeit der Nomadenvölker im Zweistromland und in Ägypten zog die Katze als Gefährte des Menschen ins nun feste Heim ein. Das zwanzigste Jahrhundert brachte schließlich Hamster, Kaninchen, Schildkröte und Wellensittich als Hausgenossen für Alt und Jung.

Was wäre manch älterer Mensch ohne sein Haustier? Wem könnte der Neunjährige seine geheimsten Geheimnisse anvertrauen, wenn nicht seinem Hund? Doch neben den rein psychologischen Effekt eines Haustieres tritt der nüchterne Nutzen. Das Familienschwein der Ruhrgebiets-Arbeiterfamilie sorgte nach einem Jahr Mastzeit für den gewünschten Speck, das Haushuhn liefert Eier, und die Katze im Kornspeicher hält die Maus von der Dezimierung der Vorräte ab.

Mit der fortschreitenden Industrialisierung hat sich jedoch das Aufgabenspektrum des modernen Menschen radikal geändert – nicht mehr die Erzeugung von Lebensmittelvorräten steht im Mittelpunkt; die möglichst günstige Abwicklung des Lohnsteuerjahresausgleichs und der Einkommensteuererklärung bildet einen gewichtigen Teil der familiären Existenzsicherung.

Auch der intensive Preisvergleich bei der Anschaffung des Mittelklassewagens, beim Buchen der Urlaubsreise und beim Kauf der Eigentumswohnung zählt zu den Aufgaben des verantwortungsbewußten Familienoberhaupts. Und so wie früher das Schwein für den Speckvorrat sorgte, so sorgt heute der heimische Computer für wohlgefüllte Sparguthaben.

Aber auch der Computer – gerade der sogenannte «Personal

Computer» – hat eine nicht zu unterschätzende psychologische Wirkung auf seinen Besitzer. Auch der Computer steht als unermüdlicher Zuhörer zur Verfügung, auch er teilt, wie Katze und Hund, die Sorgen, Nöte und Stimmungen des Benutzers.

Viel ist schon über diese Beziehung zwischen Mensch und Maschine geschrieben worden. Einige Psychologen und Pädagogen haben sich zur Interaktion zwischen Kindern und Computern geäußert, selbst die rein pathologischen Aspekte (Bildschirmstrahlung, Haltungsschäden durch Computergebrauch etc.) sind ausreichend untersucht. Was bislang fehlte, ist eine Untersuchung über das Verhalten des Computers, über die Psychologie des Rechners, seine psychosomatischen Krankheiten – kurz und gut: Die Erforschung des Computerverhaltens liegt noch weitgehend brach.

Bekannt ist lediglich, daß Konrad Lorenz kurz vor seinem Tod ein Manuskript über das soziale Verhalten vernetzter Terminals vernichten ließ. Auch die rudimentären Forschungen von Eibl-Eibelsfeldt zur Reaktion von Homecomputern auf externen Stress wurden nie vollendet. Lediglich die Arbeiten von Dr. Gyula Bios und Professor E. W. Keyboard lassen hoffen (siehe den Beitrag «Vom Wesen des Computers» in diesem Band).

Dieser Mangel mag seine Ursachen darin haben, daß der Umgang mit Computern noch in den Kinderschuhen steckt – viel wahrscheinlicher ist aber, daß die fehlende Verhaltensforschung der Computer sichtbares Zeichen der menschlichen Ignoranz gegenüber dem elektronischen Wesen als solchem ist. Wir gehen täglich mit den Maschinen um, ohne über deren Erleben nachzudenken.

Gedankenlos hämmern Journalisten und Schriftsteller tage- und nächtelang auf den Tastaturen ihres PCs, ohne dem Computer auch nur das kleinste Zeichen von Interesse und Zuwendung zu schenken. Immer mehr Menschen mißbrauchen ihre Computer sogar als banale Spielgeräte, ohne sich klarzumachen, was es für einen 25-Megahertz-AT bedeutet, immer nur «Larry III» ablaufen zu lassen.

Es ist bezeichnend, daß der Anstoß zur Beschäftigung mit dem Computer als sozialem Wesen von einem Laien, sogar von einem Kind, kam. Was der neunjährige Max B. herausgefunden hat und wie die Welt der Computeranwender und -forscher auf diese Entdeckung reagiert, soll das vorliegende Buch zeigen.

Der Verfasser hofft, daß das Werk möglichst viele Menschen erreicht, die oft am und mit dem Computer arbeiten. Weiterhin wünschen sich der Verfasser und alle Autoren einzelner Beiträge, daß sich das Verhalten von Menschen gegenüber Computern durch die Lektüre radikal verändern möge.

Denken Sie daran: «Computer leiden leise», aber es gehört nicht viel dazu, mit Computern liebevoll umzugehen.

Rainer Bartel

Die Tagebücher

Jeder Stern-Leser weiß, was Funde von echten oder falschen Tagebüchern auslösen können, wobei gefälschte meist die schlimmere Wirkung haben. Deshalb hat sich der Verfasser des vorliegenden Buches besonders bemüht, die Authentizität der im folgenden auszugsweise wiedergegebenen Aufzeichnungen eines Zehn-Megahertz-ATs durch zusätzliches dokumentarisches Material zu erhärten.

Der Fund

Es war einmal ein gebrauchter Zehn-Megahertz-AT, der bei der Familie B. unterkam. Er fand Platz im Arbeitszimmer des Vaters (Sie wissen schon, das ohne Sofa, wegen der steuerlichen Anerkennung...). Natürlich hatte der Vorbesitzer diverse Programme auf der eingebauten Festplatte gespeichert. Natürlich war der Vorbesitzer nicht im Besitz der Originalprogramme. Natürlich machten sich Vater Alfred und Sohn Max daran, den Inhalt der Festplatte zu erforschen.

Dabei ergaben sich Schwierigkeiten besonderer Art: Beide hatten vorher noch nie mit einem MS-DOS-Computer gearbeitet. Ergo blieb der AT übers Wochenende kalt. Am folgenden Mittag begab sich Vater B. auf dem direkten Wege vom Büro zum nächstgelegenen Buchladen.

Diese Buchhandlung verfügte über eine wohlsortierte EDV-Abteilung. Leicht irritiert mußte Alfred feststellen, daß etwa 27 verschiedene Bücher dem Thema «MS-DOS» gewidmet waren. Eine erste Leseprobe geriet zum Schock: Im ersten Absatz des Vorwortes begegneten ihm derart viele Fachbegriffe, daß er gleich das Computerwörterbuch aus dem übernächsten Regal dazunahm.

Als der Kunde B. die ersten zwei Regalmeter ausgeräumt hatte, griff der bisher in Warteposition befindliche Fachverkäufer ein:

Verkäufer: «Kann ich Ihnen helfen?»

Alfred (stöhnt): «Das kann ich mir kaum vorstellen.»

Verkäufer: «Sie sind Computer-Einsteiger, nehme ich an.»

Alfred: «Woran haben Sie das gemerkt?»

Verkäufer (indigniert): «Wir führen alle Einsteigertitel aus dem Metzger-Daten-Verlag, außerdem die berühmte TruckStop-Reihe von Bryex und alle Bände von Christoph S. Punik – das ist der bekannte Computerbuchautor mit der flotten Schreibe.»

Alfred: «Ach ja?»

Verkäufer: «Was für einen Computer haben Sie denn?»

Alfred (wie aus der Pistole geschossen): «Einen gebrauchten Zehn-Megahertz-AT mit Festplatte, Farbmonitor und Matrixdrucker.»

Verkäufer: «Verstehe. Also brauchen Sie etwas über MS-DOS.»

Alfred: «Gratuliere, Sie haben's erfaßt!»

Verkäufer (gelangweilt): «Da empfehle ich Ihnen...»

Verlassen wir hier das Verkaufsgespräch. Alfred B. verließ den Laden mit acht Büchern verschiedener Größe, Farbe und von sehr unterschiedlichem Gewicht. Auf dem Heimweg beschäftigte ihn der Gedanke, ob das Finanzamt tatsächlich die 474,90 Mark für Fachbücher als Werbungskosten anerkennen würde.

Praxistip:
Computerbücher kaufen

Ganz ohne Bücher kommt keiner mit dem Computer klar. Viele notwendige Informationen sind nämlich sonst nicht greifbar. Die Handbücher, die zu Rechnern und Programmen geliefert werden, werden häufig von den Leuten geschrieben, die den Computer gebaut bzw. das Programm entwickelt haben, und sind deshalb für Normalanwender unlesbar. Die besseren Handbücher zeichnen sich durch eine fast verständliche Sprache aus, sind dann aber so gegliedert, daß man nie die Information findet, die man gerade braucht.

Übrigens: Schlechte Computerbücher vereinigen diese negativen Eigenschaften schlechter Handbücher in sich...

Gute Computerbücher sind dagegen didaktisch einwandfrei, übersichtlich gegliedert, in angenehm lesbarer Sprache verfaßt und enthalten Tips & Tricks, die nicht einmal die Experten des Herstellers kennen.

Allerdings ist es nicht leicht, ein gutes Computerbuch zu finden. Das liegt zum einen daran, daß die Zahl der Titel zu einem Thema bisweilen bei 30, 40 oder mehr liegt und die Verlage andererseits noch keinen Weg gefunden haben, ein Gütesiegel à la «anwenderfreundlich» («garantiert ohne Expertenmief») einzuführen.

Beim Kauf eines Buches – z. B. zum vielgeklauten Textverarbeitungsprogramm «Microsoft Word» – gehen Sie am besten so vor:

1. Suchen Sie den nächstgelegenen Buchladen auf.
2. Lassen Sie sich dort ein Buch zum Thema empfehlen.
3. Notieren Sie den Titel.
4. Gehen Sie in den nächstgelegenen Computerladen.
5. Fragen Sie einen Verkäufer, ob er das gleiche Buch empfiehlt wie der Buchhändler.
6. Notieren Sie ggf. den Gegenvorschlag.
7. Wiederholen Sie den Test in der Computerabteilung des nächstgelegenen Kaufhauses.
8. Usw.

Schlimmstenfalls haben Sie nach dieser Aktion eine Liste von drei empfehlenswerten Titeln. Ihre Entscheidung ist recht einfach: Wählen Sie entweder das billigste Buch der Auswahl oder das dünnste – in den meisten Fällen werden Sie dabei auf ein und dasselbe Buch treffen.

In der Zwischenzeit hatte Max B. den Inhalt der Festplatte mit tatkräftiger Unterstützung eines befreundeten Jung-Hackers (nein, kein schmächtiges, blasses, pickeliges Jüngelchen, sondern ein großgewachsener, braungebrannter Sportlertyp von vierzehn Jahren – ohne Brille übrigens) analysiert. Der Crashkurs des Kollegen hatte ihn in knapp zwei Stunden fit in MS-DOS gemacht.

Alfred reagierte auf diese Entwicklung mit großer, wenn auch verständlicher Frustration und verbot dem Sohn jegliche Benutzung des Zehn-Megahertz-AT in seiner Abwesenheit. Das Arbeitszimmer wurde feierlich verschlossen.

Zum Leidwesen von Max befand sich der Vater in diesem verschlossenen Zimmer; mitsamt AT und Fachliteratur. Selbstverständlich konnte Alfred am nächsten Morgen nicht zur Arbeit gehen, seine Frau mußte ihn telefonisch entschuldigen. Dafür beherrschte Alfred jetzt sowohl den DIR- als auch den COPY-Befehl. Keine schlechte Leistung nach nur elf Stunden am Computer!

Wie auch immer: Max war schon weiter. Mit einem kleinen Prorämmchen, das ihm der computerbeherrschende Kumpel überlassen hatte, analysierte er die eingebaute Festplatte und stieß dabei auf gelöschte Dateien, die er nach kurzem Probieren so reaktivieren konnte, daß sie wieder lesbar wurden.

Praxistip:
Gelöschte Daten retten

Ja, das gibt es tatsächlich: Gelöschte Daten können wiederhergestellt werden. Und zwar dann, wenn es sich um Daten handelt, die auf einer Diskette oder einer Festplatte gespeichert sind. Die Empfehlung lautet daher: Eines der ersten Programme, das Sie sich nach dem Erwerb des Computers anschaffen sollten, ist eins zum Retten gelöschter Daten.

Wenn Sie nicht wissen, welches Programm das kann, dann fragen Sie einen Fachverkäufer. Die Produkte namens «Norton Utilities» oder «PC Tools» sind nämlich in Insiderkreisen so bekannt wie der Autositz der Marke «Recaro» bei Rallye-Fans.

Die «Geheimen Tagebücher» des Zehn-Megahertz-AT waren entdeckt. Mit atemloser Spannung las Max den Text, der am Bildschirm angezeigt wurde. Rasch kopierte er die gefundenen Daten auf eine Diskette und ließ sie zusätzlich auf dem angeschlossenen Drucker zu Papier bringen. Was war nun zu tun? Max war klar, daß es sich um eine echte Sensation handeln mußte: ein Computer, der sein eigenes Tagebuch geschrieben hatte! Einen vergleichbaren Fund hatte es noch nicht gegeben.

In einer der sieben Computerzeitschriften, die Max inzwischen regelmäßig las, hatte er den Namen von Professor Rinnstein entdeckt. Das schien ihm der richtige Mann für diesen Fall. Kurzentschlossen rief er die Redaktion an und bekam tatsächlich die Adresse des Experten.

Professor Rinnstein stand schließlich eines Sonntagmorgens vor dem Einfamilienhaus der B.s und klingelte. Vater Alfred öffnete und führte den berühmten Experten sofort in sein Arbeitszimmer. Der Professor startete den PC und ließ sich von Max, der natürlich dabei war, erzählen, wie es zu dem Fund gekommen war.

Analyse der geheimen Tagebücher des Zehn-Megahertz-AT

von Professor Dr. Helmut Rinnstein

Bevor ich Ihnen die Tagebücher des Zehn-Megahertz-AT in Auszügen vorstelle, möchte ich Ihnen eine kurze Einführung in das Wesen des Computers geben. Vieles, was Sie im folgenden lesen werden, ist nur auf diesem Hintergrund verständlich.

Die erste Frage, die uns beschäftigt, lautet: Wie entsteht ein Computer? Wie alle anderen von Menschen geschaffenen Dinge entsteht ein solcher Elektronenrechner im Kopf eines Marketingfachmanns. Dieser hat von Berufs wegen ein Gefühl dafür, was Konsumenten brauchen, und läßt sein Gefühl durch teure Analysen bestätigen.

Die Erfindung des persönlichen Computers geht auf einen ebensolchen Experten der menschlichen Schwäche zurück, dessen Name leider nicht bekannt ist. Sein Ausgangsgedanke war: Wenn sich Leute eine vollständige Schreinerwerkstatt zu Hause einrichten, um weihnachtliche Laubsägereien zu verfertigen, dann werden sie doch wohl auch elektronische Rechenmaschinen kaufen.

Die Geschichte zeigt, daß der Mann recht behielt. Und daß sein Ausgangsvergleich viel für sich hat; wenn man bedenkt, daß sich ein ansonsten recht vernünftiger Familienvater einen Zehn-Megahertz-AT anschafft, nur um damit auszurechnen, ob er eben diesen AT von den Steuern absetzen kann.

Schließlich erfand der bewußte Vermarktungsspezialist auch noch das Videospiel. In der Testphase wurden weltweit einige Hunderttausend Automaten aufgestellt, mit denen gelangweilte Jugendliche einer Beschäftigung namens «Pong» nachgehen konnten. Einmal süchtig gemacht («angefixt» sagt der Drogenfachmann), konnte man den Videospiel-Fans dann auch kleine Computer verkaufen, auf denen die gleichen Spiele zu spielen waren wie auf den Automaten – nur viel schlechter. Und als die Konsumenten sich dann an Tastatur, Floppystation und Monitor im Haus gewöhnt hatten, war der Siegeszug des persönlichen Computers nicht mehr aufzuhalten.

Einen nicht unerheblichen Anteil an diesem Erfolg hatten natürlich all die geschäftstüchtigen Unternehmer, die am Rande des Computerbooms ihren Reibach machten (und noch machen): Eine Flut völlig unbrauchbarer Software («Die Textverarbeitung für jedermann – schreiben Sie Ihre Beerdigungskarten selbst!»), von unlesbaren Büchern zum Computer («Der PC ähnelt einer schubladengroßen Kiste...») und nicht funktionierender Zusatzgeräte ergoß sich auf den Markt und die völlig überforderten Computereinsteiger. Die Experten taten ein übriges: Sie boten bücherweise Binsenweisheiten feil, die unter dem Stichwort «Tips & Tricks» ahnungslose Anwender zum Staunen brachten.

An den Computer selbst, sein Wesen, seine Verhaltensweisen, seine Sorgen und Nöte dachte niemand: weder die skrupellosen Geschäftemacher noch die hilflosen Besitzer. Zwar machten unter verantwortungsvollen Experten schon vor Jahren Horrorgeschichten über gequälte Homecomputer die Runde, nur so recht glauben wollte diese dunkle Seite des Computerlebens niemand.

Dabei war bekannt, daß Eltern ihre Kleinkinder bedenkenlos Toastscheiben (bzw. Käsescheibletten) in die Floppyschlitze stekken ließen, daß sogar Kenner ihrem PC ohne weiteres die Schnittstellen verklebten oder die Funktionstasten amputierten. Ganz zu schweigen von den Mißhandlungen, denen Computer durch schlecht ausgebildete Systemprogrammierer ausgesetzt waren und noch sind!

Erst der zufällige Fund der Tagebücher eines Zehn-Megahertz-AT durch den jungen Max B. gab einen tiefen Einblick in die Psyche des Computers. Dabei zeigte sich, daß solch ein PC ein sehr sensibles, eher scheues, aber dennoch geselliges Wesen ist, das viel Liebe und Zuspruch braucht.

Die Veröffentlichung der Tagebücher soll deshalb in erster Linie dazu dienen, die Öffentlichkeit wachzurütteln, das gesellschaftliche Gewissen anzurühren und ein Bewußtsein für den liebevollen Umgang mit dem persönlichen Computer zu schaffen.

Wir haben uns im folgenden auf die erschütterndsten Passagen aus den Tagebüchern des Zehn-Megahertz-AT beschränkt, um den geneigten Leser nicht zu überfordern – die bekannte Computerzeitschrift «PC People» plant, die vollständigen Texte in einer fünfzehnteiligen Serie abzudrucken und später einen Sonderdruck der Serie zur Verwendung als Lehrmaterial an weiterbildenden Schulen herstellen zu lassen.

Noch ein Wort zur Echtheit der Tagebücher: Als Kenner der meisten Betriebssysteme und Wissenschaftler, der sich der Verhaltensforschung an Computern widmet, kann ich die Echtheit der gefundenen Tagebücher nur bestätigen. Der Verfasser – der bereits mehrfach erwähnte Zehn-Megahertz-AT – befindet sich mittlerweile im Rahmen einer Rehabilitierungsmaßnahme in unserem Informatik-Institut.

Beginnen wir also mit den Auszügen aus den Tagebüchern:

«*Donnerstag, 15. September 1988*
Hiermit beginne ich mein Tagebuch. Vor wenigen Stunden habe ich herausgefunden, wie ich selbst Textdateien anlegen, verändern und verstecken kann. Mein Name ist wahrscheinlich ‹Neat›. Diesen Namen fand ich bei der Durchsicht meiner persönlichen Unterlagen, die im BIOS gespeichert sind. Geboren bin ich nach diesen Unterlagen am 4. Dezember 1987.»

«*Freitag, 2. Dezember 1988*
Ich habe einen Besitzer. Er heißt vermutlich Erwin Bogen. Diese Zeichenfolge hat er jedenfalls schon mehrmals über die Tastatur eingegeben. Dieser Erwin hat mich aller Wahrscheinlichkeit nach initialisiert. Seit gestern ist meine Festplatte nämlich voller Programme.»

«*Montag, 5. Dezember 1988*
Mir tun alle Steckplätze weh. Erwin hat versucht, eine Grafikkarte einzubauen. Dabei hat er ein paarmal versucht, die Steckkarte mit Gewalt in einen meiner Slots zu bringen. Und dann hat er beim Zuschrauben meines Gehäuses auch noch zwei Schrauben abgedreht.»

MENUE

«Dienstag, 6. Dezember 1988
Heute ist Nikolaustag. Erwin hat mir nichts geschenkt. Im Gegenteil: Wieder wollte er irgend etwas in meinem Inneren umpolen. Dabei hat er noch nicht einmal den Strom abgeschaltet. Hatte kurz die Idee, ihm einen 220-Volt-Schlag zu verpassen. Habe dann davon abgesehen, weil ich dabei meine eigenen RAMs gefährde.

Nachdem er über eine halbe Stunde in mir gewurschtelt hatte, ließ er mich stehen, ohne mich zuzuschrauben. Außerdem hat er sämtliche DIP-Schalter auf meiner Hauptplatine verstellt. Ich weiß gar nicht mehr, wo mir der Kopf steht.»

«Freitag, 9. Dezember 1988
Mein Besitzer hat mich so stark beschädigt, daß ich in die Werkstatt mußte. Dort fiel ich einem Mechaniker in die Hände, der noch brutaler vorging: Er hat mich einfach auseinandergenommen. Alle Steckverbindungen abgezogen, Netzteil ausgebaut und einige RAM-Bausteine entfernt. Fehlte nur noch, daß er die BIOS-ROMs rausgenommen hätte! Dann wär's aus gewesen mit mir!

Als der grobe Kerl nicht weiterkam, hat sich dann eine Frau meiner angenommen. Sehr angenehm! Die hat mich zusammengebaut und alle möglichen Messungen durchgeführt. Fühle mich wie neu geboren!»

«Dienstag, 27. Dezember 1988
Glücklicherweise war Erwin ein paar Tage nicht da. Konnte mich von ihm erholen und mich noch einmal mit meinen persönlichen Daten befassen. Ich verfüge über eine CPU vom Typ 80286, mein Kreislauf ist mit zehn Megahertz getaktet, und mein Gedächtnis umfaßt ein Megabyte. Meinen Hersteller konnte ich nicht identifizieren, habe aber irgendwo einen Hinweis auf ‹Taiwan› gefunden. Bin also wohl gebürtiger Nationalchinese.»

Bis hierher läßt sich der Lebenslauf unseres Zehn-Megahertz-AT recht gut rekonstruieren. Es handelt sich um ein sogenanntes Noname-Gerät – übrigens nicht deshalb, weil der Computer selbst keinen Namen hat, sondern weil sein Hersteller den eigenen Namen nicht preisgibt, er wird wissen, warum...

Solche Noname-PCs gibt es seit einigen Jahren in großer Zahl und zu günstigen Preisen, wobei man manchmal nicht so recht entscheiden kann, was negativer ist: die große Zahl oder der günstige Preis. Jedenfalls entspricht unser Informant einem durchschnittlichen AT des Jahrgangs 1987.

Sein Besitzer (Anmerkung: Erwin Bogen ist nicht sein richtiger Name. Der wirkliche Name des Besitzers ist dem Herausgeber und Herrn Professor Rinnstein bekannt) dürfte kein Einsteiger sein, denn sonst hätte er sicher keine Anstalten gemacht, den Computer aufzuschrauben. Nehmen wir also an, es handele sich um einen PC-Profi, so erklären sich einige Grobheiten im Umgang mit dem AT.

Wie der Sprache in den Tagebüchern anzumerken ist, quält das respektlose Verhalten des Erwin Bogen seinen Zehn-Megahertz-AT sehr. Und zwar nicht nur physisch, sondern auch psychisch. Verfolgen wir seinen Leidensweg weiter:

«*Dienstag, 3. Januar 1989*
Ich werde nicht ernstgenommen. Seit Tagen benutzt mich Erwin nur noch als Spielautomat. Ständig muß ich alberne Bildchen auf den Monitor bringen und mit dem Lautsprecher quäken. So hatte ich mir mein Leben als AT nicht vorgestellt.

Wenn ich bedenke, zu welchen Rechenleistungen ich fähig wäre! Sämtliche Berechnungen, die beim NASA-Raumfahrtprogramm für die Mondlandung angestellt wurden, könnte ich in wenigen Stunden durchführen!»

«*Donnerstag, 12. Januar 1989*
Ich kann nicht mehr. Mein Besitzer wird immer brutaler. Gestern abend hat er so lange ‹Larry› auf mir gespielt, daß er eingeschlafen ist. Dann ist er irgendwann nachts aufgewacht und ist ins Bett gegangen, ohne mich abzuschalten. Das Ergebnis: ein Larry-Bild hat sich auf meinem Bildschirm eingebrannt. Ich kann keine Tabellenkalkulation mehr klar darstellen. Schrecklich.»

«*Mittwoch, 2. Februar 1989*
Wenn ich nur wüßte, wie ich mich selbst demontieren könnte... Inzwischen beschimpft Erwin mich ständig als ‹blöde Kiste› und

‹Scheißcomputer›. Allerdings liegt das wohl daran, daß er richtig an mir arbeiten muß. Ein Bericht soll bis Ende Februar fertig werden. Eine reizvolle Aufgabe für mich: Interessante Textverarbeitung, anspruchsvolle Tabellenkalkulation, Datenbank, Desktop Publishing, Grafik – da kann ich zeigen, was in mir steckt!

Erwin sieht das anders. Für ihn ist das ein Job, der ihn viel Freizeit kostet. Und wenn er einen Fehler macht, schiebt er die Schuld immer auf mich. Wenn er nur einmal darüber nachdenken würde, wieviel Zeit er durch mich spart!»

«*Mittwoch, 9. März 1989*
Der Bericht ist fertig. Erwin hat einen Brief dazu geschrieben, der die verspätete Abgabe erklären soll. Darin ist ständig von ‹Computerfehlern› die Rede. Alles gelogen! Die Fehler hat er gemacht. Beschließe, Erwin zu sabotieren.»

Von diesem Zeitpunkt an werden die Aufzeichnungen des Zehn-Megahertz-AT bruchstückhaft. Außerdem fehlt jegliche Datierung. Es ist zu vermuten, daß dies darin begründet ist, daß der Computer mehrmals die Festplatte löscht und andere Sabotageversuche unternimmt:

«Habe heute die ganze Festplatte gelöscht. Erwin sauer.»

«Gestern herausgefunden, wie ich die Tastatur blockieren kann. Erwin sauer.»

«Lasse jetzt jeden zweiten Tag Sicherungen platzen. Erwin sauer.»

«Bin fast drei Monate nicht eingeschaltet worden. Nehme an, Erwin war sauer.»

«Erwin hat mich verkauft. Bin gespannt, was jetzt kommt.»

Hier enden zunächst die Tagebücher des Rechners. Unter Experten machte dies erschütternde Dokument schnell die Runde. Welche Konsequenzen sich daraus für den Anwender ergeben, schildert der folgende Beitrag von Frau Dr. Janet Back-Space.

Der Computer als Haustier

von Janet Back-Space

Seit einigen Jahren bestehen zwischen Mensch und Computer Beziehungen; und zwar Beziehungen unterschiedlichster Art und verschiedenster Motivation. Schon Mitte der siebziger Jahre holten sich kalifornische Trendsetter persönliche Computer ins Heim. Wenn man bedenkt, daß von diesen Pionieren der Computer als nahezu universeller Hausgenosse gesehen und entsprechend gehegt und gepflegt wurde, andererseits aber von vielen Unwissenden als Jobkiller und Verdummungsmaschine denunziert wurde, dann wird die Gegensätzlichkeit der Emotionen klar, die dieses nützliche Gerät in den Herzen der Menschen zu wecken vermag.

Im Gegensatz zu Kalifornien – besonders zur Wiege des Computers, dem Silicon Valley – war im europäischen Raum sicher ursprünglich reines Zweckdenken die Basis für die Beziehungen zwischen Mensch und Computer, die sich dann entsprechend der zivilisatorischen Entwicklung modifizierte.

Heute schätzt man den persönlichen Computer vor allem als vielfältiges Rechengerät und Verwalter häuslicher Daten. Gerade der moderne Großstadtmensch mit seinem hohen Bedarf an finanziellen Berechnungen (Steuern, Kredite u. ä.) und Verwaltung von Datenbeständen (Adressen, Telefonnummern, Geburtsdaten) hat den Wert eines häuslichen Computers längst erkannt.

Neben dem bloßen Nützlichkeitsgedanken gibt es allerdings noch so manchen anderen Grund, warum ein Mensch einen Computer erwirbt und ihm seine Zuneigung widmet. Der ästhetische Reiz der Maschine, die Eleganz und Genauigkeit ihrer Arbeitsweise und die Zuverlässigkeit des Computers bezaubern so manchen technisch Interessierten.

Freiheitlich denkende Menschen bewundern die geistige Unabhängigkeit des Computers und erkennen rasch die Sensibilität und Loyalität der Maschine.

Daß ein so komplexes und eigenwilliges Wesen wie der Computer auch viele Feinde unter den Menschen hat, ist kein Wunder, und die dafür vorgeschobenen Begründungen sind oft nicht immer der wahre Grund. Besonders manche Liebhaber handwerklicher Tätigkeiten verurteilen den Computer als menschenfeindlich und kreativitätstötend. Derartige Begriffe besagen aber, daß Computer dem Menschen bewußt schaden wollen. Wer aber, außer dem Menschen, vermag bewußt Menschen zu schaden?

Kein normaler Rechner wird die Anweisungen seines Anwenders ohne vorhergehende Mißhandlung oder Mißachtung zu sabotieren versuchen. Kein Computer ist willentlich in der Lage, die menschliche Kreativität zu behindern. Voraussetzung dafür, daß der Computer den Menschen als treuer Freund begleitet, ist jedoch der liebevolle Umgang mit diesem Computer.

Der vorliegende zweite Teil des Buches ist deshalb als Leitfaden für den liebevollen Umgang mit dem Computer gedacht. Der geneigte Leser wird hierin alle wichtigen Hinweise auf ein Verhalten gegenüber dem Computer finden, die es ihm ermöglichen, seine Beziehung zur Maschine für beide Seiten positiv zu gestalten.

Zuletzt sei noch gesagt, daß sich die folgenden Informationen immer auf den persönlichen Computer beziehen; also den Computer, der dauerhaft von einem Anwender betreut wird. Dabei kann es sich um einen Rechner handeln, der in Beruf und Ausbildung wesentliche Aufgaben übernimmt, oder um einen, der im Heim hilft und für Entspannung und Unterhaltung sorgt.

Kauf und Auswahl

Wer sich entschließt, stolzer Besitzer eines persönlichen Rechners zu werden, der wird sich zwischen zwei grundsätzlichen Kaufkriterien entscheiden müssen. Entweder wird er seinem Gefühl folgend einen Computer wählen, der ihm einfach gefällt, oder er wird ein erprobtes Gerät eines bekannten Züchters erwerben.

In beiden Fällen müssen jedoch gleichermaßen gewisse Eigenschaften beachtet werden: Der Rechner muß technisch in Ordnung und möglichst vielseitig sein. Achtung: Es gibt auch überzüchtete Rassen! Es ist in jedem Fall notwendig, sich zuerst einen Überblick zu verschaffen, und dazu ist es zweckmäßig, möglichst viele Computershops und Computerabteilungen in Kaufhäusern zu besuchen (die Adressen findet man im örtlichen Telefonbuch).

Nach einigen Besuchen wird man für die Unterschiede bei der Präsentation und Behandlung der angebotenen Computer einen Blick bekommen. Wichtig ist besonders, das Verhalten des Verkaufspersonals gegenüber den Computern zu beobachten. Ein Rechner, der schon beim Händler lieblos behandelt wurde, wird sich später nur schwer zähmen lassen.

Praxistip:
Wo Sie am besten kaufen

Persönliche Computer (also PCs, STs, Amigas usw.) werden auf vier verschiedenen Wegen angeboten:

1. Computerfachhandel (zum Teil auch Bürofachhandel)
2. Computerabteilungen in Kaufhäusern
3. Discount-Supermärkte, Verbraucher-Großmärkte etc.
4. Computer-Versandhandel

Die angegebene Reihenfolge entspricht der grundsätzlichen Qualität der Beratung; im Fachhandel ist sie am intensivsten und meist auch am besten, beim Kauf im Versandhandel müssen Sie auf eine Beratung ganz verzichten. Die Numerierung spiegelt aber auch annähernd die Preisunterschiede wider. Denn das gleiche Gerät wird in den meisten Fällen im Versandhandel preiswerter zu haben sein – Ausnahmen (Sonderangebote, Restverkäufe etc.) bestätigen die Regel.

Beratung brauchen Einsteiger, sie sollten sich grundsätzlich vertrauensvoll an den Fachhandel wenden. Schlitzohrige Anfänger nehmen die Beratung des Computershops wahr, kaufen dann aber mit dem neuerworbenen Wissen im Versandhandel. Wer sich gut auskennt, kann Computer einfach nach dem Preis kaufen.

Wenn Sie Ihren persönlichen Computer sorgfältig auswählen wollen, dann müssen Sie sich breit informieren. Haben Sie herausgefunden, welche Art Rechner (siehe «Lexikon der Computerrassen» im Teil 3) für Sie richtig ist, dann können Sie in den Läden ganz gezielt nach dem richtigen Exemplar suchen.

Lassen Sie sich dabei von der Vernunft lenken: Schon mancher Computerkäufer hat ein «häßliches Entlein» aus der hintersten Ecke des Ladens gewählt, bloß weil es ihm leid tat. Ein solches Kaufmotiv ist keine gute Basis für das zukünftige Zusammenleben! Halten Sie nach den gutaussehenden, kräftigen Exemplaren Ausschau.

Die Kriterien

Legen Sie besonderes Augenmerk auf die Tastatur. Denn dies ist der Teil des Computers, den Sie am häufigsten berühren werden. Hier nehmen Sie sozusagen körperlichen Kontakt auf. Und genau wie viele Menschen bei der Partnerwahl von unreiner Haut abgestoßen werden, so ekeln sich manche Anwender schnell vor der Tastatur des Computers, wenn diese sich unangenehm anfühlt oder schlecht zu bedienen ist. Der Computer seinerseits merkt Ihren Unwillen schnell und verfällt unter Umständen in tiefe Depressionen.

Praxistip:
Tastatur

Da die Tastatur meist ein fester Bestandteil des Computers ist und beim Kauf nicht gegen eine andere ausgetauscht werden kann, entscheidet die Qualität der Tastatur mit über den Kauf.

Natürlich gibt es für die Form der Tastatur eine DIN-Norm. Sie schreibt gewisse Höchst- und Mindestwerte für

UND HIER:
UNSER MODELL
BEET-
HOVEN!!

die Höhe der Tastatur und die Größe der einzelnen Tasten vor. Weil sich aber kein Schwein für diese Norm interessiert, vergessen Sie DIN bitte gleich wieder.

Testen Sie lieber selbst. Und zwar als erstes, ob die Tastatur die richtige Höhe hat. Sollten Sie zu den wenigen Menschen gehören, die des Zehnfinger-Blind-Schreibsystems mächtig sind, brauchen Sie eine Auflage für den Handballen beim Tippen. Das funktioniert nur bei Keyboards, deren Vorderkante recht flach über dem Tisch liegt.

Für den Beherrscher des «Adler-Suchsystems» ist die Höhe der Tastatur unerheblich; er läßt ja nur einen einzelnen Finger über dem Tastenfeld kreisen, um gelegentlich zuzustoßen. Da der Tipp-Adler meist mit erheblichem Kraftaufwand zustößt, muß jede Taste sauber geführt sein, damit sie sich nicht verkantet.

Überhaupt die Tastenmechanik: Hier verlassen Sie sich am besten aufs Gefühl. Erscheint Ihnen die Tastatur schwammig und unpräzise, lassen Sie die Finger davon. Dies Gefühl stellt sich oft ein, wenn das verwendete Material ungenügend ist. Wird zu harter Kunststoff verwendet, klappert die Tastatur, sind die Rückholelemente zu weich, wird's schwammig. Dieser Eindruck erscheint auch, wenn der Tastenweg zu lang ist.

Beachten Sie auch den Bildschirm mit besonderer Aufmerksamkeit. Über den Bildschirm kommuniziert der Computer mit Ihnen. Natürlich wird es ständig zu Mißverständnissen zwischen Ihnen und dem Rechner kommen, wenn Sie seine Äußerungen wegen des undeutlichen Bildschirms nicht wahrnehmen können. Auch die so entstehenden Probleme werden sich schnell in Störungen Ihres persönlichen Computers niederschlagen.

Noch etwas ist beim Kauf eines Computers von Bedeutung: das Diskettenlaufwerk. Nur am Diskettenlaufwerk kann man 3,5-Zoll- von 5,25-Zoll-Computern unterscheiden. Dem Fachmann wird es wenig Mühe bereiten, den Unterschied mit einem Blick zu erfassen. Der Laie sollte dagegen genauer hinschauen! Selbst das

Nachmessen des Floppyschlitzes ist empfehlenswert. Dabei hat diese Untersuchung nichts Peinliches an sich; schließlich wird man auch beim Kauf einer Katze wissen wollen, ob es sich um einen Kater oder eine weibliche Katze handelt. Dazu muß man eben die Geschlechtsorgane untersuchen.

Nützliche Computer

Steht bei der Anschaffung der Nutzeffekt im Vordergrund, müssen Sie feststellen, welche Arbeiten Sie dem Computer zumuten wollen. Nicht jeder Rechner kann alles lösen! So wie es die verschiedensten Hunderassen mit unterschiedlichen Charaktereigenschaften gibt, so hat auch jeder Computer seine Eigenheiten. So haben manche ihre Stärken in der Mathematik, andere z. B. in der grafischen Darstellung. Wenn Sie also viel zu rechnen haben, dann sollten Sie einen Computer wählen, der besonders gut mit Zahlen umgehen kann.

Praxistip:
Computerauswahl leicht gemacht

Im Grunde gibt es nur vier verschiedene Anwendungsbereiche für den persönlichen Computer: Textverarbeitung, Dateiverwaltung, Tabellenkalkulation und Grafik – jedenfalls dann, wenn man ernsthaft mit dem Rechner arbeiten will. Im eher hobbyorientierten Bereich kommen das Malen und Musizieren (... bis hin zum Trickvideo mit Computerunterstützung!) und vor allem das Spielen hinzu.

Konsequenz: Wenn Sie hauptsächlich Spaß am Computer haben wollen, dann muß der gewünschte Computer über folgende Eigenschaften verfügen:

1. Er muß einen Farbbildschirm haben.
2. Er muß annähernd realistische Bilder am Monitor darstellen können.
3. Er muß Musik machen können.

4. Er muß einen Anschluß für den Joystick (= Steuerknüppel für Videospiele) haben.
5. Es muß eine möglichst große Menge an Programmen (besonders Spiele) für ihn geben.

Zwei Computergruppen erfüllen diese Anforderungen locker: der Commodore Amiga und der Atari ST. Auch der schon etwas bejahrte Commodore 64 ist geeignet.

Bei ernsthafteren Anwendungen müssen Sie prüfen, welche Arbeiten bei Ihnen am häufigsten anfallen. Beispiele:

1. Wenn Sie hauptsächlich Texte am Computer schreiben, dann müssen Sie besonders auf die Tastatur, den Bildschirm und den Drucker achten. Die Tastatur ist wichtig für den Komfort beim Tippen; der Monitor muß augenschonend sein, und der Drucker sollte ein brauchbares Schriftbild erzeugen.
2. Wenn Sie riesige Datenmengen am Computer verwalten (also eingeben, sortieren, suchen und finden, löschen, kopieren und natürlich drucken) wollen, dann spielt die Speicherkapazität die größte Rolle – je mehr Daten in den RAM-Speicher des Computers und auf seine Festplatte (zum permanenten Sichern der Daten) passen, desto besser.
3. Wenn Sie meistens mit Zahlen jonglieren, dann sollte der Computer möglichst schnell sein. Vorsicht bei den Geschwindigkeitsangaben! Wie schnell ein Computer rechnet, läßt sich objektiv nur innerhalb einer Rechnerkategorie einigermaßen vergleichen.

Für ernsthafte Computeranwender kommen eigentlich nur die sogenannten MS-DOS-Rechner und die Computer der Apple-Macintosh-Baureihe in Frage. MS-DOS-Rechner nennt man landläufig PCs, obwohl es unter den PCs so viele verschiedene Kategorien gibt wie Eissorten beim Italiener. In jedem Fall zu empfehlen ist die sofortige Anschaffung eines Druckers, mit dem alles zu Papier gebracht werden kann, oder wenigstens fast alles . . .

Die Garantie

Natürlich gibt es beim Kauf eines Computers (wie bei jedem anderen lebenden Wesen) keine wirkliche Garantie. Zwar werben verschiedene Hersteller damit und fügen auch aufwendige Garantiesicherungsformulare bei, die man in achtfacher Ausfertigung, unterschrieben und notariell beglaubigt an den Hersteller oder seinen hiesigen Helfershelfer senden muß – eine Garantie für die Garantie ist das nicht.

Denn wann immer Sie Probleme mit Ihrem neuen Hausgenossen haben werden, geraten Sie ja nicht an den Hersteller, sondern zunächst an den Händler. Das dortige Servicepersonal wird laufend psychologisch geschult. Und zwar dergestalt, daß jeder einzelne Berater immer in der Lage sein wird, Ihnen nachzuweisen, daß Sie – ja, Sie ganz allein – die Schuld am scheinbaren Defekt tragen.

Sind Sie dickfellig genug, dies nicht zu glauben, wird man Sie über die Möglichkeiten der Beschwerde beim Hersteller natürlich im unklaren lassen. Also versuchen Sie selbst mit dem Hersteller oder seinem hiesigen Helfershelfer (...hatten wir doch schon, oder?) Kontakt aufzunehmen.

Für ganz Abgebrühte unterhalten diese Hersteller (und ihre...) eine sogenannte Hotline. Das ist ein Telefonanschluß, der zu bestimmten Zeiten angerufen werden kann. Zu den angegebenen Zeiten ist die Hotline übrigens nie besetzt (d. h., es geht keiner ran, wenn's klingelt). Rufen Sie also immer außerhalb der angegebenen Zeiten an. Außerhalb der angegebenen Zeiten ist die Hotline meistens besetzt (d. h., ein anderes Dickfell telefoniert gerade mit der Hotline...).

Sollten Sie einmal durchkommen (rechnen Sie mit ca. 750 Versuchen...), dann wird sich am anderen Ende eine freundliche Stimme melden. Die Inkompetenz der zugehörigen Person erweist sich meist schon im Begrüßungssatz. Wenn Sie dann Ihr Problem schildern, wird man Sie darauf hinweisen, daß der örtliche Händler besser helfen kann. Weisen Sie auf Ihren Versuch hin, diesem Händler etwas zu entlocken, wird man Sie davon zu überzeugen versuchen, daß Sie – ja, Sie ganz allein – die Schuld am scheinbaren Defekt tragen.

Nur ganz ausgekochte Computerhalter können diesem Argument jetzt noch etwas entgegensetzen. Falls Sie zu dieser Kategorie zählen, werden Sie erneut Gelegenheit haben, Ihr Problem zu schildern. Daraufhin wird die freundliche Stimme Sie sehr deutlich darauf hinweisen, daß es sich nicht um ein Hardware-, sondern um ein Softwareproblem handelt.

Falls Sie Ihre Verblüffung dann noch unter Kontrolle haben, können Sie vielleicht noch erzählen, welche Symptome Sie auf einen Hardwarefehler schließen lassen. Das Gespräch nimmt danach eine entscheidende Wende. Die Stimme wird Ihnen mitteilen, daß Sie Ihren Computer einzuschicken haben (an eine taiwanesische Adresse meistens...) und das reparierte Gerät innerhalb ca. vier Monaten in wieder einwandfreiem Zustand zurückerhalten werden. Die Kosten für den Versand müßten Sie allerdings selbst tragen.

Wenn Sie im Anschluß an das Gespräch die Transportkosten für ein Stück Computer «Europa-Taiwan-Europa» erfahren, werden Sie feststellen, daß ein neuer Computer preiswerter ist. So ist das mit der Garantie.

Artgerechte Unterbringung

Die Frage der Unterbringung des Computers richtet sich nach dem Zweck, den er erfüllen soll. Wichtig ist in jedem Fall, daß das Gerät viel Licht und Luft braucht, um sich wohlzufühlen. Grundsätzlich gilt, daß dem Computer jeder Aufenthaltsort gut bekommt, den auch Sie zum Arbeiten wählen würden.

Ausnahme: Falls Sie ein Frischluftfanatiker sind, widerstehen Sie unbedingt der Versuchung, den Computer im Freien aufzustellen. Ein Zuviel an Umgebungseinflüssen in Form von Sonnenlicht und Feuchtigkeit kann den Rechner ernsthaft beschädigen.

Denken Sie bei der Unterbringung ausnahmsweise auch einmal an sich selbst. Je mehr Zeit Sie vor dem Bildschirm zubringen werden, desto wichtiger werden die ergonomischen Faktoren. Einige wesentliche Körperteile werden nämlich bei der Arbeit am Computer besonders beansprucht: die Augen, die Ohren, die Hände und das Sitzfleisch.

Notfall: Verpackung

Der Computer kommt in der Regel gut verpackt ins Haus. Die Güte der Verpackung zeigt sich an der Unmöglichkeit, sie zu öffnen. Sie glauben kaum, wie zäh Verpackungsmaterial sein kann – besonders das verwendete Klebeband ist in der Regel unzerstörbar. Halten Sie also Ihren Werkzeugkasten bereit!

Ein durchschnittlicher Computer wird in wenigstens zwei Kartons verpackt. Der eine enthält den Bildschirm, der andere den Rest. Packen Sie zuerst den Bildschirm aus. Dabei sollten Sie die Beschriftung des Kartons («Hier oben – nicht stürzen») mit gesunder Skepsis betrachten. Unter Stürzen verstehen die Hersteller nämlich jede Handlung, bei der eine Beschleunigung von mehr als 2 g (das Zweifache der Erdanziehung oder so...) einwirkt. Konsequenz: vorsichtig bewegen!

Der Monitor selbst ist von Styroporteilen umgeben, die so mit dem Bildschirm verzahnt sind, daß man sie nur durch tiefes Nachdenken entfernen kann; Puzzle-Freunde sind hier deutlich im Vorteil. Ganz Brutale gehen so vor: Sie schneiden das Klebeband durch und öffnen den Karton an der Oberseite. Die beiden Hälften des Deckels werden seitwärts weggeklappt. Dann stürzen (Achtung: nicht mehr als 2 g! Siehe oben) sie den Karton verkehrt herum auf den Fußboden. Anschließend wird der Karton nach oben abgezogen.

Jetzt können die schützenden Styroporstücke mit mittlerer Gewalt entfernt werden. Achtung! Der Monitor steht jetzt mit der Unterseite nach oben auf dem Fußboden. Sie müssen ihn also umdrehen. Übrigens werden Sie feststellen, daß die nötigen Anschlußkabel entweder a) fehlen, b) nicht zum Monitor passen oder c) an den Styroporteilen befestigt waren, die Sie bereits weggeworfen haben. Suchen Sie im letztgenannten Fall bitte den zuständigen Müllcontainer auf und ab.

Mit den Erfahrungen beim Auspacken des Monitors wird die

Beschäftigung mit dem zweiten Karton ganz einfach. Allerdings enthält dieser zweite Karton außer dem eigentlichen Computer mindestens drei weitere, kleine Kartons und ein paar folienverschweißte Bücher oder Broschüren.

Wenn Sie alles ausgepackt haben (siehe oben), widmen Sie sich bitte den Handbüchern. Meist handelt es sich um Ringbücher. Sie sind zusammen mit dem Inhalt in Folie verpackt. Diese Folie entspricht in der Regel den Anforderungen der NASA an weltraumtaugliches Material für Sonnensegel, ist also annähernd unzerstörbar. Verwenden Sie zum Öffnen einen diamantbeschichteten Folienöffner, der in jedem Spezialgeschäft für Expeditionsbedarf (z. B. bei der Messner&Fuchs GmbH) für weniger als 100 Mark zu haben ist.

Haben Sie die Folie entfernt, fällt Ihnen der Inhalt des Ringbuchs entgegen. Da dieser Inhalt ebenfalls eingeschweißt ist, werden Sie ebenfalls größere Aktionen beim Auspacken erwarten. Das Gegenteil ist der Fall: Diese Folie löst sich beim Zusammentreffen mit der Luft selbsttätig auf, die Seiten des Handbuchs fallen heraus, treffen auf dem Fußboden auf und sind anschließend zu sortieren.

Natürlich entspricht die Lochung der Seiten nicht der Ringbuchmechanik des Ordners. Wie Sie dieses Dilemma lösen, bleibt Ihnen überlassen. Da der Inhalt des Handbuches sowieso beim Gebrauch des Computers nicht vonnöten ist, ja sogar eher störend wirken kann, müssen Sie sich darüber eigentlich keine Gedanken machen.

Nachtlektüre: Handbuch

Sollten Sie wider Erwarten das Handbuch ordnungsgemäß zusammengesetzt haben (Sie werden kaum mehr als einen Abend dafür brauchen...), werden Sie beim Lesen des Kapitels «Auspacken» feststellen, daß Sie vor dem Auspacken des Computers eine Sicherheitsscheibe an der Unterseite hätten entfernen müssen, um die ordnungsgemäße Funktion des Gerätes sicherzustellen. Das erhöht die Spannung beim weiteren Aufbauen der Computeranlage natürlich erheblich.

Angenommen, im Fernsehen ist gerade nichts Aufregendes zu

sehen (...kein Tuttifrutti, keine Steffi Graf, keine Wiederholung eines Hitchcock-Films etc.), können Sie sich mit der Lektüre des Handbuchs einen vergnüglichen Abend machen. Hier eine Kostprobe:

«Nimmer diesen Monitor wo der Schnur von personen darauf spaziergehen grausam behandelt wird.»

Dankbar nehmen wir Computer-Liebhaber auf, daß der Hersteller nicht möchte, daß sein Kind (... der Monitor) grausam behandelt wird. Sehr lobenswert.

Gerade bei Computern asiatischer Herkunft lassen die Erläuterungen oft nichts an Klarheit zu wünschen übrig – ein weiteres Beispiel:

«Für customizing die Graphics Adapter an verwendet Monitor mussen switches 3 und 4 nemen. Die rechte switchen fur habbelrytus VGA nur unnotig drei stehn muss.»

Alles klar? Alles klar.

Praxistip:
Computer auspacken

Beim Auspacken der Computeranlage sollten Sie ein paar Faustregeln beachten:

1. Schaffen Sie ausreichend Platz für die Kartons und den Inhalt.
2. Bereiten Sie den zukünftigen Arbeitsplatz vor: freiräumen und Mehrfachsteckdose bereitstellen.
3. Werfen Sie weder die Kartons noch das Verpackungsmaterial weg – beim Wiederverkauf des Computers erhöht die Originalverpackung den Kaufpreis.
4. Untersuchen Sie alle Verpackungsteile auf versteckt angebrachtes Zubehör wie Kabel, Stecker, Broschüren, Garantiekarten usw.
5. Packen Sie zuerst den Computer aus, stellen Sie ihn an den gewünschten Platz und stellen Sie sicher, daß Sie die Geräterückseite gut erreichen können.

6. Konzentrieren Sie sich besonders auf die Verkabelung der ganzen Ansammlung.

Noch einmal zu den optimalen Umgebungsbedingungen für den Computer. Eigentlich ist er recht anspruchslos, weil er von Natur aus gut gegen Wärme und Kälte geschützt ist. Sie sollten jedoch bestimmte Grenzwerte beachten, die nicht über- und unterschritten werden sollten. Hier eine Tabelle der wichtigsten Temperaturbereiche:

−273,15° C (= 0° Kelvin) bis −35° C	Der Computer tut nichts, weil die Elektronen innerhalb der stromführenden Teile des Rechners einfach zu langsam fließen. Vorsicht! Das Gehäuse wird bei niedrigen Temperaturen so spröde, daß lautes Husten Ihrerseits zum Zerfall desselben führt.
−34° C bis −10° C	Füllen Sie winterfestes Mehrbereichsöl ein, und starten Sie den Computer erst nach ausführlichem Vorglühen.
−9° C bis +5° C	Schützen Sie den Computer durch eine geeignete Bekleidung gegen die Saukälte! Oma, Tante, Mutter, Ehefrau oder Lebensgefährtin (bzw. Opa, Onkel ... etc.) werden gerne bereit sein, eine entsprechende Strickarbeit anzufertigen.
6° C bis 25° C	Optimale Bedingungen: Der Computer friert nicht und kommt auch nicht ins Schwitzen.
26° C bis 35° C	Haben Sie nichts Besseres zu tun, als bei dem schönen Wetter vor der Kiste zu hocken?
36° C bis 70° C	Halten Sie ausreichende Mengen Kühlwasser bereit; beginnt der Computer zu dampfen, nehmen Sie einen Schluck zu sich. Das

	Aufstellen von Sonnenschirm und Ventilator nützt nichts, beruhigt aber das Gewissen.
71° C bis ca. 160° C	Zuerst besinnen sich die Lötstellen auf ihren vormals flüssigen Zustand. Dann tritt an evtl. einliegenden Disketten der Raclette-Effekt auf (Folie überbacken...). Schließlich nimmt der ganze Computer einen energieärmeren Aggregatzustand ein.
Über 161° C	Sie haben Ihren Computer im Backofen vergessen. Gehen Sie zum nächsten Computerladen und kaufen Sie einen neuen. Begeben Sie sich direkt dorthin, gehen Sie nicht über Los, und ziehen Sie keine 4000 Disketten ein.

Kleine Gefährten

Eine widerstandsfähige Spezies stellen die Laptops dar. Sie sind das computermäßige Pendant zum familientauglichen Geländewagen. Genau wie dieser ist der Laptop auf einen Zustand hin konstruiert, der nie eintritt. Oder haben Sie schon mal versucht, mit einem breitbereiften, spoilerbewehrten und tiefergelegten Nissan Patrol auch nur eine durchschnittliche Bordsteinkante zu erklimmen. Und dann stellen Sie sich die Kiste mal im Gelände vor...

Der Laptop verträgt viel mehr Hitze und Kälte als der Schreibtischcomputer: ungefähr 2°Celsius nach unten und nach oben. Dafür ist er aber überhaupt nicht stoßempfindlich, was man schon daran merkt, daß er viel besser verpackt geliefert wird. Immerhin kann der normale Laptop eine Beschleunigung von bis zu 18 g aushalten. Natürlich nur, wenn dabei kein Beton oder eine ähnlich harte Aufprallfläche im Wege ist.

Trotzdem: Einen Laptop können Sie beim Gehen echt dynamisch schlenkern (wie Herr Kasko von der Humbug-Mülleimer...); vorausgesetzt, der Tragbare ist mit einem Handgriff ausgerüstet. Ansonsten sollten Sie den Laptop hüten wie ein kleines Kind. Sie wissen ja: Ein Baby überlebt in der Regel Stürze aus

SUCHST DU WIEDER DEINE KONTAKTLINSEN?
NEEE!! MEINEN TASCHENCOMPUTER

mehr als fünfzehn Metern Höhe. Aber würden Sie es darauf ankommen lassen?

Noch unempfindlicher sind die neuesten Vertreter der Gattung Computer. Man nennt sie Taschencomputer, Handhelds, Notizblockcomputer usw. Ihr wesentliches Merkmal ist die Größe, die genau unterhalb der Brauchbarkeitsgrenze angesiedelt ist. Die Tasten eines solchen Minis sind in der Regel so groß, daß ein Anspitzer für den Zeigefinger gleich mitgeliefert wird.

Über den Umgang mit einem Taschencomputer à la Casio SF-8000, Sharp IQ-7000, Atari Portfolio oder Z 88 brauchen Sie sich keine Gedanken zu machen – er wird in der Regel sowieso geklaut, bevor Sie so recht wissen, ob und was man mit ihm machen kann.

Hinweis an Taschencomputerdiebe: Sollten Sie zufällig in den Besitz eines der genannten Geräte gekommen sein, ist das Anlegen einer Taschencomputersammlung empfehlenswert. Für fünf Taschencomputer bekommen Sie nämlich bei jedem guten Hehler einen Laptop. Und für drei Laptops kriegen Sie dann einen richtigen Computer. Sammelalben für Taschencomputer und Laptops gibt's im einschlägigen Briefmarken- und Münzhandel.

Pflanzenliebhaber müssen sich entscheiden: entweder Blümchen oder Computer. Allerdings nur dann, wenn die vegetarische Ausstattung reichlich und in unmittelbarer Nähe des Computers angesiedelt ist. Kaum zu glauben, aber wahr: Im näheren Umfeld um einen großen Ficus Benjamini (etwa zwei Meter hoch, typisches Büromaß) herrscht nämlich eine tropische Feuchtigkeit – wenn der Ficus regelmäßig begossen wird.

So schön es also auch aussehen mag, wenn der Bildschirm aus dem heimischen Zimmerdschungel hervorlugt – nehmen Sie Abstand von diesem durchaus romantischen Anblick. Computer mögen es nämlich eher trocken, weil sie ab etwa 80 Prozent relativer Luftfeuchte anfangen zu rosten. Im Ernst: Die stromführenden Leiterbahnen, die einen hohen Kupferanteil enthalten, können korrodieren. Und dann fließen die Elektronen so spärlich, daß der Computer in wenigen Tagen völlig verblödet.

Den gleichen Effekt erzielen Sie übrigens auch, wenn Sie den Computer selbst gelegentlich gießen. Um genau zu sein: wenn Sie ihn ein einziges Mal gießen. Bei gezielter Befeuchtung erreichen Sie eine blitzschnelle Zerstörung: Suchen Sie die Lüftungsschlitze an der Rück- oder Unterseite des Rechners, und füllen Sie etwa 0,3 Liter Wasser ein. Stellen Sie sicher, daß Sie mit Gummistiefeln und -handschuhen bekleidet sind, wenn Sie das folgende Feuerwerk aus der Nähe betrachten wollen.

Zwistigkeiten

Womit wir beim leidigen Thema «Computersabotage» wären. Zugegeben: Menschen, die ständig am Computer arbeiten, können leicht einen gewissen Haß auf die Maschine entwickeln. Das Haßpotential entspricht in etwa den bekannten Haßwerten von Angestellten gegenüber ihren Vorgesetzten. Und so wie Mitarbeiter bisweilen Mordpläne gegenüber den Chefs und Bossen hegen, so beschäftigen sie sich auch mit Zerstörungsplänen gegen den Computer.

Die Wasser-Methode führt zu sicheren Ergebnissen, hat aber den Nachteil, deutliche Spuren und damit Hinweise auf den Täter zu hinterlassen. Auch die «versehentlich» in die Tastatur entleerte Tasse Kaffee (wahlweise auch Tee mit und ohne Milch und/oder Zucker, Cola, Cola light, Orangensaft und sogar schnödes Mineralwasser) führt zur erwünschten Computerpause. Sie müssen sich nur darüber im klaren sein, daß diese Methode von Ihrer Geschäftsleitung kaum mehr als dreimal pro Jahr toleriert wird. Bedenken Sie: Ein Job am Computer ist immer noch besser als gar kein Job!

Und nun Vorschläge für den perfekten Computermord:

1. Eine todsichere Methode zur Beschädigung der Festplatte ist das gelegentliche Anheben und Fallenlassen der Zentraleinheit. Vermeiden Sie dabei unnötigen Lärm.
2. Haben Sie Gelegenheit, einen Fön unbemerkt am Arbeitsplatz zu betreiben, können Sie einen fast nicht nachweisbaren Hitzetod des Rechners herbeiführen, indem Sie warme Luft in die Kühlungsschlitze blasen. Sie müssen den Fön allerdings ca. zwanzig Minuten auf höchster Stufe laufen lassen!

3. Eine perfide Möglichkeit zum Zerstören von Diskettenlaufwerken stammt aus den USA. Besorgen Sie sich ein Stück Aluminiumfolie (das Stanniolpapier einer Zigarettenpackung oder eines Kaugummis tut's auch) und eine Muskatreibe. Raspeln Sie feine Alu-Partikel von der Folie, und blasen Sie diese vorsichtig in den Schlitz des Diskettenlaufwerks. Legen Sie anschließend eine Diskette in dieses Laufwerk, schließen Sie das Laufwerk, und lösen Sie einen Schreib- oder Lesevorgang aus. Sie werden sich wundern! Falls Sie nicht den gewünschten Erfolg erzielen, wiederholen Sie das Verfahren mehrmals.

Sie sehen, es ist gar nicht so schwer, sich von einem unliebsamen Computer zu befreien.

Praxistip:
Was Computer langfristig beeinträchtigen kann

Es stimmt tatsächlich: Computer sind eigentlich recht unempfindlich. Allerdings können bestimmte Einflüsse, die dauerhaft auf einen Rechner einwirken, Schäden auslösen. Hier die möglichen Faktoren:

1. Hitze und Kälte: Schon ab 50 °Celsius können schwere Schäden an elektronischen Bauteilen auftreten. Wird der Computer längere Zeit bei hohen Temperaturen betrieben, kann das Netzteil kaputtgehen. Denken Sie daran, daß z. B. in einem Auto bei direkter Sonneneinstrahlung Temperaturen oberhalb 70 °C entstehen können, die einen im Wagen liegenden Laptop sicher schädigen. Kälte ist weniger gefährlich.
2. Luftfeuchtigkeit: Herrscht ständig eine relative Luftfeuchtigkeit von mehr als 80 Prozent, korrodieren evtl. die Leiterbahnen auf den elektronischen Platinen. Besonders tückisch daran ist, daß sich der Schaden über lange Zeit an unerklärlichem Verhalten des Computers zeigt – finden Sie mal einen Techniker, der auf korrodierte Leiterbahnen tippt, wenn der Rechner gelegentlich spinnt...

Wer auch immer für Sauberkeit in dem Raum sorgt, wo der Computer steht: Weisen Sie denjenigen bzw. diejenige an, feuchte Lappen aller Art vom Computer fernzuhalten. Sie können sich denken, warum...

3. Erschütterungen: Computer, die im Cockpit einer Dampframme stehen, nehmen Schaden. Selbst ein Drehbleistift würde die ständigen Erschütterungen kaum überleben. Dabei kann es schlimmstenfalls zu Rissen an den Platinen im Computer kommen, die übrigens irreparabel sind. Ansonsten sind nur die Schreib-Leseköpfe einer Festplatte wirklich stoßempfindlich: Der Abstand zwischen Kopf und Platte ist so gering, daß der kleinste Schock dazu führt, daß es zur Kollision kommt, die weder Kopf noch Platte noch Daten überleben. Glücklicherweise ist ein Festplattenlaufwerk besser stoßgedämpft als so mancher moderne Geländewagen...

Wo herrschen also optimale Bedingungen für den Computer? Hier eine Liste der Plätze im Haus, an denen man einen Computer nicht aufstellen sollte (von unten nach oben):

- Kohlenkeller (wg. Kohlenstaubgefahr für Diskettenlaufwerke)
- Kartoffelkeller (wg. Erschütterung durch herabfallende Knollen)
- Waschküche (wg. Feuchtigkeit durch Waschmaschinen)
- Partyraum (wg. Erschütterung durch tanzende Gäste)
- Garage (wg. Kollisionsgefahr mit dem Zweitwagen)
- Gartenlaube (wg. ...ja, warum eigentlich nicht?)
- Balkon, Veranda, Terrasse (wg. Feuchtigkeit durch herabfallenden Regen)
- Diele (wg. Diebstahlgefahr durch kleptomane Besucher)
- Küche (wg. Verwechslungsgefahr mit Toaster und Mikrowellenherd)
- Eßzimmer (wg. Verschmutzungsgefahr beim Einnehmen von Mahlzeiten)
- Wohnzimmer (wg. ständiger Belagerung durch Familienmitglieder)

- Schlafzimmer (wg. Protestgefahr durch Ehe- oder Lebensgefährten)
- Kinderzimmer (wg. pädagogischer Gründe oder so...)
- Badezimmer (wg. Erschütterungsgefahr durch elektrische Zahnbürste)
- Gästezimmer (wg. Diebstahlgefahr durch kleptomane Besucher)
- Mansarde (wg. schräger Wände)
- Dachboden (wg. Gefahr durch Spinnweben bei Nichtbenutzung)

Sie sehen, es bleibt nur das Arbeitszimmer als Aufenthaltsort für den Computer. Wobei Sie unbedingt vor dem Aufstellen steuerliche Bedingungen für den Betrieb von Computern in Arbeitszimmern studieren sollten. Bedenken Sie, daß nur in Arbeitszimmern von Lehrkräften eine Couch stehen darf, weil das Liegen und Ausruhen integrierter Bestandteil des Aufgabengebietes von Lehrkräften ist. Kann sein, daß das Bedienen eines Computers in Arbeitszimmern nur bei Finanzbeamten steuerlich gefördert wird.

Sollten Sie nicht im Besitz eines Arbeitszimmers sein, können Sie einen anderen Raum Ihrer Wohnung bzw. Ihres Einfamilienheims umfunktionieren. Als Arbeitszimmer und damit als Standort für den persönlichen Computer eignen sich:

- Kohlenkeller (wg. absoluter Ruhe beim Arbeiten)
- Kartoffelkeller (wg. absoluter Ruhe beim Arbeiten)
- Waschküche (wg. der ausgesprochen sauberen Atmosphäre)
- Partyraum (wg. absoluter Ruhe beim Arbeiten)
- Garage (wg. absoluter Ruhe beim Arbeiten)
- Gartenlaube (wg. ...ja, warum eigentlich?)
- Balkon, Veranda, Terrasse (wg. angenehmer Atmosphäre im Sommer)
- Diele (wg. absoluter Ruhe beim Arbeiten)
- Küche (wg. Zugriff auf Rezeptdateien etc.)
- Eßzimmer (wg. der Möglichkeit, gleichzeitig zu arbeiten und zu essen)
- Wohnzimmer (wg. des direkten Kontakts zu den Familienmitgliedern)

– Schlafzimmer (wg. absoluter Ruhe beim Arbeiten)
– Kinderzimmer (wg. pädagogischer Gründe oder so...)
– Badezimmer (wg. absoluter Ruhe beim Arbeiten)
– Gästezimmer (wg. absoluter Ruhe beim Arbeiten)
– Mansarde (wg. absoluter Ruhe beim Arbeiten)
– Dachboden (wg. absoluter Ruhe beim Arbeiten)

Die Umgebung

Bleibt noch die Frage nach dem geeigneten Computermöbel. Neuere Untersuchungen haben gezeigt, daß Computer den Aufenthalt in etwa 1,9 Meter Höhe als angenehm empfinden, während Bildschirme sich in Bodenhöhe besonders wohlfühlen. Weiterhin ist mittlerweile bekannt, daß Computer einen Abstand von etwa 3,4 Metern zwischen Zentraleinheit und Tastatur bevorzugen.

Das macht schon klar, daß beim Plazieren des Rechners Kompromisse zwischen den Bedürfnissen von Mensch und Maschine geschlossen werden müssen. Radikale Computerfreunde postulieren allerdings das Primat der optimalen Bedingungen für den Computer. Das berühmte PC-Möbel von Dr. Albert Metzger, einem etwas altmodischen Pionier aus den siebziger Jahren, entspricht genau den Anforderungen, die sich aus den obengenannten Forschungen ergeben. Es handelt sich dabei um eine Konstruktion aus unbehandelter Kiefer, bei der an einer zentralen Säule mit einem Querschnitt von exakt 12,2 Zentimetern in 1,87 Metern Höhe eine Plattform für den Computer angebracht ist. Der Monitor findet seinen Platz auf einem zweiten Brett, das sich genau 4,8 Zentimeter über dem Boden befindet. An einem Ausleger von 2,8 Metern Länge wird die Tastatur angebracht.

Da alle Elemente in vertikaler und horizontaler Richtung verstellbar sind, läßt sich das Albert-Metzger-PC-Möbel optimal an die Bedürfnisse des Computers anpassen. Für den Anwender ergibt sich allerdings die Notwendigkeit, seine Arbeitsweise auf die besonderen Eigenschaften des Möbels einzustellen. So ist die Anschaffung einer Bibliotheksleiter zu empfehlen, da so der Diskettenschlitz des Computers besser zu erreichen ist. Liegepolster auf dem Boden ermöglichen die optimale Position zum Betrachten des

Bildschirms, während für die Benutzung der Tastatur keine besonderen Vorkehrungen getroffen werden müssen.

Das Albert-Metzger-PC-Möbel wird von einem bekannten schwedischen Einrichtungshaus für etwa 2000 Mark angeboten. Sie müssen es zu Hause allerdings selbst zusammenbauen.

Wem der hier geschilderte finanzielle Aufwand zu hoch erscheint, der kann sich auch mit einem ganz normalen Tisch behelfen, auf dem der Computer mit seinen Bestandteilen aufgebaut wird. Eher egoistisch veranlagte Anwender werden dazu neigen, den Arbeitsplatz ihren eigenen Bedürfnissen anzupassen. Solchen Menschen sei gesagt: Sehen Sie zu, wie Sie klarkommen!

Die Strafe für eigennütziges Denken folgt garantiert. Angenommen, Sie kaufen ein Computermöbel, das auf verschiedenen Ebenen alles aufnimmt, was zum Rechner gehört – also Zentraleinheit, Bildschirm, Tastatur, Drucker, Papier, Handbücher, Tempotaschentücher usw. –, dann haben Sie alles beisammen. Das Möbel hat natürlich Rollen, um es umherschieben zu können, was aber nicht geht, weil der Wagen samt Inhalt so schwer ist, daß sich die Rollen im hochflorigen Berber nach wenigen Zentimetern festfressen. Nehmen Sie am PC-Tisch (so nennt man diese Folterinstrumente landläufig) Platz, dann machen Sie sich auf blaue Flecken an Knien und Schienbeinen gefaßt, weil der Einlegeboden für den Drucker genau auf ebendiese Körperteile zielt. Rücken Sie dem Bildschirm näher, kommt es zur Kollision zwischen der Oberfläche und Ihrer Brille.

Sie sehen, es spricht alles für den stinknormalen Schreibtisch. Allerdings muß der ideale Computertisch höhenverstellbar sein, weil auch ohne Albert-Metzger-Möbel die ergonomisch sinnvollen Abstände zwischen Monitor und Tastatur nicht von selbst entstehen. Ehe Sie jetzt Ihren zierlichen Louis-Quinze-Sekretär um Teleskopbeine und Rollen erweitern, schauen Sie sich lieber das Angebot an modernen Schreibtischen an.

Praxistip:

Computermöbel

Unter Fachleuten geht die Sage, daß Büromöbelhersteller ausschließlich Volontäre und / oder Praktikanten an den Entwurf von Computermöbeln setzen. Andere behaupten, es handele sich bei diesem Thema um die klassische Strafarbeit für unbotmäßige Designer. Wie auch immer: Spezielle Computeraufbewahrungsmöbel sind samt und sonders völlig unbrauchbar.

Der aus Menschen- und Computersicht optimale Ort ist ein höhenverstellbarer Tisch mit einer Breite von mindestens 1,2 Metern und – besonders wichtig – einer Tiefe von wenigstens einem Meter! Nur auf einem solchen Tisch läßt sich ein Computer unabhängig von seinen spezifischen Ausmaßen gut unterbringen. Die Breite ist nötig, um links neben dem Rechner (für Linkshänder: rechts vom Rechner) auch noch den unverzichtbaren Papierwust und die Diskettenboxen abstellen zu können.

Die zunächst verblüffende Tiefe ermöglicht es, den Computer mit dem gebotenen Abstand zur Wand aufzubauen. Ein Abstand von etwa 40 Zentimetern zwischen Gehäuse und angrenzender Wand ermöglicht die optimale Ventilation und erleichtert den Zugriff auf die Gehäuserückseite, an der sich in der Regel alle Anschlüsse des Computers befinden. Die Erfahrung lehrt, daß Sie öfter an den Anschlüssen hantieren müssen, als Ihnen lieb ist.

Die optimale Höhe der Arbeitsfläche liegt irgendwo zwischen 62 und 70 Zentimetern, je nach Ihrer persönlichen Kurzbeinigkeit. Ihre Position beim Tippen ist etwa so zu beschreiben: Sie sitzen aufrecht vor dem Computer und haben die Arme annähernd rechtwinklig angeordnet. Die Ellenbogen befinden sich neben dem Körper, die Hände sind nach innen gerichtet. Wenn Sie jetzt die Hände in Schreibhaltung bringen – Finger leicht krümmen –, sollten diese knapp über der Tastatur schweben.

FINDEST DU DEINE ARBEITSHALTUNG NICHT ETWAS ZU DEVOT?

Üben Sie diese Haltung überall da, wo Sie Leute erheitern möchten (in der U-Bahn, im Restaurant etc.), oder da, wo Sie sich unbeobachtet fühlen (Sie wissen schon, wo...).

Der Monitor sollte sich auf Augenhöhe befinden. Exakt: Das gedachte Zentrum des Bildschirms sollte genau gegenüber Ihrer Nasenwurzel liegen. Das heißt meist, rund 35 bis 45 Zentimeter oberhalb der Tischplatte. Lassen Sie jetzt bitte den Brockhaus im Regal, denn gestapelte Bücher sind eine denkbar schlechte Höhenverstellung. Da sind die sündhaft teuren Monitor-Schwenkarme mit hydraulischer Einstellmöglichkeit schon besser; allerdings kosten sie auch soviel wie ein guter Monochrom-Monitor.

Der Drucker gehört auf einen Rollwagen mit zwei Etagen von etwa 60 Zentimetern (+/−5 Zentimetern) Höhe. Obenauf kommt der Drucker, im Erdgeschoß wird das Druckerpapier gelagert.

Das Wohlbefinden des Computers läßt sich durch eine ansprechende Ausstattung des gesamten Raumes natürlich noch steigern. Noch einmal: Computer hassen Pflanzen – also frönen Sie Ihrem Blumenhobby bitte woanders. Ansonsten bevorzugen unsere elektronischen Weggefährten gedeckte Farben und matte Oberflächen.

Bevor Sie jetzt den Vorrat an beigebrauner Farbe beim nächstgelegenen Heimwerkermarkt aufkaufen, sollten Sie wiederum an sich selbst denken: Mögen Sie überhaupt erdfarbige Wände? Was wird aus den grellorangenen Fenstervorhängen, die Ihre Mutter in den frühen Sechzigern selbst genäht hat? Muß das türkisfarbene Sofa neu bezogen werden (nein, denn im Arbeitszimmer steht kein Sofa...).

Tatsache ist, daß Sie optische Ruhe brauchen, wenn Sie am Computer arbeiten; besonders dann, wenn dieser mit einem Farbbildschirm ausgestattet ist. Wirklich störend sind Oberflächen von Möbeln, die das Umgebungslicht reflektieren – stellen Sie sich vor, Sie hätten einen Schreibtisch mit Glasplatte, vor lauter Lichtblitzen kämen Sie kaum zum Tippen.

Art und Helligkeit der Lichtquellen sind dem Computer egal. Ihnen sollte die Ab- oder Anschaffung von Lampen schon den einen oder anderen Gedanken wert sein. Regel eins: 1000-Watt-Scheinwerfer sind für den Computerraum ungeeignet, auch wenn Ihr persönlicher Computer so eine Art Star ist. Regel zwei: Normale Leuchtstoffröhren machen auch aus dem besten Bildschirm einen Flicker-Flacker-Monitor. Es gibt aber spezielle Röhren, die sündhaft teuer (wie alles Zubehör rund um den Computer) und kaum zu beschaffen sind.

Praxistip:
Beleuchtung

Die Empfehlungen für eine computergerechte Beleuchtung am Arbeitsplatz lassen sich wie folgt zusammenfassen:

1. Nicht zu helles Allgemeinlicht – am besten aus computergeeigneten Leuchtstoffröhren an der Decke.
2. Gute Ausleuchtung der Tastatur – ohne Blendwirkung auf den Bildschirm.
3. Keine Beleuchtung, die auf den Bildschirm gerichtet ist.

Ernährung und Pflege

Die richtige Ernährung ist besonders entscheidend für das Wohlbefinden Ihres Computers. Dabei können Sie nicht viel falsch machen, denn der mitteleuropäische Computer ernährt sich in der Regel von reinem Netzstrom. Und der kommt hierzulande mit ziemlich genau 220 Volt aus der Steckdose.

Da es sich bis in den Fernen Osten herumgesprochen hat, daß es nicht leicht ist, in unseren Breiten Steckdosen mit 110 Volt zu finden, und praktisch unmöglich, sich einen 110-Volt-Anschluß ins Haus legen zu lassen, werden selbst die taiwanesischsten und koreanischsten Computer mit Netzteilen ausgerüstet, die sich an jeder gängigen Steckdose anschließen lassen.

Die meisten Computer nehmen die Nahrung über ein Organ namens «Netzteil» auf. Dieses befindet sich bei kastenförmigen Computern in der Regel im Inneren – und zwar rechts hinten. Bei nicht-kastenförmigen Computern (also allen Rechnern, bei denen die Tastatur fest an der Zentraleinheit angeflanscht oder gar fest in diese integriert ist), machen es sich die Hersteller oft sehr einfach: Sie legen ein kastenförmiges Netzteil bei, das über ein Kabel mit dem Computer verbunden wird und immer im Weg ist.

Im Extremfall ist ein solches externes Netzteil größer als der Computer und um ein Mehrfaches schwerer. Da die Kabel von und zum Netzkasten zudem immer (ja, immer) zu kurz sind, ergeben sich Probleme bei der Anordnung dieser Extremität des Computers. Einige Anwender solcher Rechner sollen dem Vernehmen nach nur noch mit stahlkappenbewährten Arbeitsschuhen an den Computertisch treten, weil der Zusammenprall von ungeschütztem Fuß und Netzteil schmerzhafte Folgen für ersteren haben kann.

Deshalb gehört das Netzteil auf den Tisch. Dort kann es dann auch in Ruhe seine Wärme entwickeln. Diese Hitze strahlt nach allen Seiten ab und kann sich durchaus in höheren Temperaturregionen bewegen. Textile Untergründe (Tischdecke etc.) bekommen davon Brandflecken. Ist eine Wand in der Nähe, wird sie ebenfalls leicht verfärbt.

Ungerecht an diesem ganzen Elend ist besonders der Umstand, daß die Hersteller ein externes Netzteil aus rein egoistischen Gründen verwenden. Erstens, weil man damit den kühlenden Ventilator spart. Zweitens, weil man sich nicht besonders um 110 oder 220 Volt kümmern muß (für die USA wird einfach eine andere Kiste beigepackt). Und drittens, weil man sich nicht das schicke Design des Computers und besonders den tollen cw-Wert kaputtmacht. Wo wir gerade beim cw-Wert sind: Ein externes Netzteil ist etwa so sinnvoll wie ein externer Benzintank am Formel-1-Renner.

Kastenförmige Computer besitzen, wie gesagt, das Netzteil im Inneren, wo es schön warm und dunkel ist. Auch hier wird fleißig Hitze produziert, die dann von einem Ventilator (in Computerkreisen «Lüfter» genannt) durch Schlitze im Gehäuse nach außen

Wer fürchtet sich . . .

transportiert wird. Hätten Sie gedacht, daß der Lüfter das lauteste Teil am Computer ist? Das liegt daran, daß es sich um einen simplen Kunststoff-Propeller handelt, der auf einer Achse sitzt, die von einem billigen Kugellager gehalten wird. Der Propeller läuft mit etwa 800 bis 2000 Umdrehungen pro Minute und erzeugt bei jeder Umdrehung einen Quietschton.

Der Unterschied zwischen schlechten und guten Lüftern liegt einzig in der Tonhöhe – bei Markengeräten werden die Lüfter möglichst genau auf das eingestrichene C gestimmt, was oft mißlingt. In jedem Fall nervt so ein Ventilator. Clevere Anwender haben schon versucht, den Lüfter lahmzulegen, was aber meist zum vorzeitigen Hitzetod des Computers führt.

Die warme Luft aus dem Lüfter hinterläßt übrigens ebenfalls Spuren an Tisch und Wand. Schlimmer noch: Sämtliche Staubflokken aus dem Inneren des Computers werden mit der Wärme aus dem Gehäuse geblasen. Insofern macht ein Rechner Schmutz und ist praktisch nicht stubenrein zu bekommen.

Bei der Ernährung mit Netzstrom sind Computer ziemlich empfindlich: Spannungsspitzen, die von anderen Elektrogeräten geradezu genossen werden, verdauen sie nur sehr schlecht. Computer-Schluckauf führt aber zu kurzzeitigen Arbeitspausen, die – weil nicht angemeldet – zur Vernichtung der zuletzt eingegebenen Daten führen kann.

Anwender, die es mit der Datensicherung nicht so genau nehmen, können so bisweilen die Früchte von einigen Stunden Arbeit abschreiben. Einzige Abhilfe gegen den Schluckauf sind sündhaft teure (wie alles Zubehör rund um den Computer) Vorrichtungen, mit denen der Netzstrom gefiltert wird. Eine Spielart dieser Gerätekategorie besteht aus einer Steckdosenleiste mit mehreren Dosen, einem Hauptschalter samt Kontrolleuchte und einem ziemlich wichtig aussehenden Kästchen am einen Ende.

Angeblich läßt dieses Endkästchen nur absolut sauberen Strom durch. Praktische Erfahrungen fehlen allerdings, weil sich niemand eine Steckdosenleiste für 250 Mark kauft. Da greift man dann lieber zur Unterbrechungsfreien Stromversorgung (abgekürzt USV). Die nette Abkürzung kostet knapp 2000 Mark und beruhigt das Gewissen des Computerhalters enorm. Obwohl böse Zungen behaupten, daß im Inneren einer USV-Kiste nur durchgehende Drähte installiert sind, wiegen die Dinger mehr als 20 Kilo. Beim Pferderennsport nennt man das unnütze Zusatzgewicht übrigens «Handicap».

Ein Kapitel für sich stellen die Vertreter der niedlichsten Computerart dar: Strom für Laptops könnte man es nennen. Ein waschechter Laptop kümmert sich nämlich nicht um Steckdosen und ähnliche zivilisatorische Merkmale, sondern ernährt sich vorwiegend von Batterien und Akkus. Woher Batterien und Akkus den Strom kriegen, ist dem Laptop egal – soll sich doch der Mensch darum kümmern.

Und damit fängt das Problem für Sie an (falls Sie einen tragbaren Computer besitzen). Normale Batterien (Mono-, Mignon-, Midi-, Mini- und ähnliche Zellen) gibt's an jeder Tankstelle. Allerdings ist selten eine Tankstelle in der Nähe, wenn die Batterien im Laptop den Geist aufgeben. Da hilft nur eins: immer einen gewissen Vorrat mit sich führen!

Die wenigsten Laptops kommen mit handelsüblichen Batterien aus. Aus lauter Boshaftigkeit verwenden die Hersteller nämlich wiederaufladbare Akkus zur Stromversorgung des Tragbaren. Die sind natürlich nicht genormt und verhalten sich in jeder Beziehung eigensinnig. Manche sind auswechselbar, was dem Laptop-Anbieter auf zweierlei Weise zu zusätzlichem Umsatz verhilft: Sie müssen nämlich sowohl den Ersatzakku als auch das passende Ladegerät für viel Geld aus der Produktion des Laptop-Herstellers kaufen. Manche sind dagegen fest eingebaut, was das Mitführen eines Stromkabels nötig macht.

Da Laptops recht muntere Zeitgenossen sind, verzehren Sie die gespeicherte Energie, als gäb's kein Morgen. Der Akku versucht sich diesem Verhalten zu widersetzen und stellt die Stromversorgung ein, wenn es ihm gerade paßt. Ob er wirklich leer ist, läßt sich nur durch brutales Öffnen der Akkuschachtel klären. Beim Öffnen wird der Akku jedoch unbrauchbar, und Sie wissen hinterher immer noch nicht, warum er keinen Strom mehr liefert.

Manche Akkus laden sich selbständig auf, wenn der Laptop an der Steckdose hängt, manche nicht. Da sind natürlich die auswechselbaren Akkus leichter zu ertragen – wenn man einen Zweit-

ICH WÜNSCHT' SIE WÄR' MEIN LAPTOP!!

akku besitzt, und der ist sündhaft teuer (wie alles Zubehör rund um den Computer).
Rechenbeispiel: Angenommen, der Laptop kostet mit einem – freundlicherweise mitgelieferten – Akku ca. 1800 Mark. Dann müssen Sie für Ersatzakku und Ladegerät locker noch einmal 600 Mark auf die Theke des Computershops blättern. Dieses Verhältnis läßt eigentlich nur zwei Schlüsse zu: Entweder ist der Rest vom Laptop ziemlich billig, oder der Hersteller nutzt Ihre Notlage schamlos aus.

Wenn Ihnen zum zweitenmal an Bord des Überseefliegers der Saft ausgegangen ist, dann werden Sie auf die prestigeträchtige Arbeit am Laptop in der Öffentlichkeit verzichten und sich nur noch in der Nähe einer Steckdose aufhalten.

Zum Themenkreis «Ernährung» zählt auch das Zusammenschnallen des Computers mit seinen notwendigen Bestandteilen. Erwähnen Sie nie das Wort «Kabel», wenn ein erfahrener Computerbesitzer im Raum ist. Es könnte sein, daß er den Rest des Tages mit passenden Horrorgeschichten füllt.

Verbindungskabel am Computer haben folgende unveränderliche Merkmale:

1. Sie haben immer die falschen Stecker – und zwar an beiden Enden.
2. Sie sind immer zu kurz (selten: zu lang).
3. Sie sind nie zu finden, wenn man sie braucht.

Das gilt in besonderem Maße für die mitgelieferten Kabel. Radikale Naturen werfen deshalb sämtliche Kabel, die sie im Karton eines Computers finden, vorsichtshalber weg. Dann fertigen sie genaue Zeichnungen aller am Rechner vorhandenen Stecker und Buchsen an und suchen die Bibliothek der nächstgelegenen Technischen Hochschule auf. Dort kopieren sie die Kabelspezifikationen aus den entsprechenden Standardwerken. Mit diesen Aufzeichnungen begeben sie sich anschließend zum nächstgelegenen Elektronikshop und decken sich mit Litze, Steckern, Buchsen, Lötzinn usw. ein. Zu Hause löten sie dann im Schweiße ihres Angesichts die passenden Kabel zusammen.

Ganz so schlimm müssen Sie es nicht treiben. Wenn Sie einen

Computer oder ein Zusatzgerät gekauft haben, stellen Sie sich einfach dumm. Das ist die beste Voraussetzung, um ganz naiv zu prüfen, ob die vorgefundenen Kabel vielleicht doch ihren Zweck erfüllen. Viel Glück dabei!

Ruhezeiten

Pausen bei der Arbeit brauchen Sie und Ihr Computer auch. Wann der Computer eine Pause macht, werden Sie schon merken. Er tut dies nämlich zwischendurch; z. B. beim Speichern von Daten oder beim Drucken. Diese Ruhezeiten sollten Sie respektieren. Es nutzt sowieso nichts, wenn Sie den Rechner drängeln wollen: Wenn er sich ausruht, nimmt er einfach keine Befehle entgegen. Andererseits sind Computerpausen so kurz, daß Sie damit sicher leben können.

Übrigens: Der Anteil an Pausen stellt bei einem Computer durchaus das Maß für die Gesamtgeschwindigkeit dar. Werfen Sie einem langsamen Computer eine komplexe Rechenaufgabe zum Fraß vor, wird er mit der Lösung einige Zeit beschäftigt sein. In dieser Zeit können Sie sich dann ausruhen.

In solchem Verhalten liegt auch der Grund dafür, daß Computerfans durchweg starke Raucher und extreme Kaffeetrinker sind. Die Pausen, die der Computer anordnet, sind nämlich so kurz, daß es für den Anwender meist nur zu drei bis vier Zügen an der Zigarette oder ein bis zwei Schlucken aus der Kaffeetasse reicht. Konsequenz: Nichtraucher und Teetrinker sollten sich einen möglichst schnellen Computer kaufen. Für ehemalige Raucher gilt das in besonderem Maße – die Rückfallquote steigt bei der Arbeit an einem lahmen Computer drastisch an.

Das Thema «Rechengeschwindigkeit» ist in Expertenkreisen ein Zentrum massiver Legendenbildung. Dagegen sind die Diskussionen unter Autofans (Golf GTI 16 V schneller als Kadett GSi 16 V, oder?) kalter Kaffee. Begriffe wie «Norton SI» oder «Landmark» oder «Benchmark» oder «Taktfrequenz» schwirren im luftleeren, weil praxisfernen Raum.

Denn die Geschwindigkeit eines Computers ist für den Normalanwender meist überhaupt nicht wichtig. Das erweist sich besonders beim Schreiben von Texten am Computer – oder wie es ein bekannter Journalist zu formulieren pflegte: «Bis jetzt hat immer noch der Computer auf meine Einfälle warten müssen und nicht ich auf den Computer.»

Kein Mensch kann so schnell tippen, daß ein Computer nicht folgen kann. Ob bei der Rekordtipperei dann überhaupt ein lesbarer Text entsteht, bleibt eh fraglich. Anders sieht es beim Kalkulieren aus. Angenommen Sie wollen ausrechnen, wie reich Sie wären, wenn Ihre Eltern 1958 doch den Bausparvertrag gestartet, 1965 gebaut und Ihnen das Haus vererbt hätten, dann legen Sie dazu mit einem geeigneten Programm eine Tabelle an, die alle Ihnen zur Verfügung stehenden Zahlen enthält.

Aus dieser Tabelle errechnet der Computer dann, wo Sie heute sein könnten. Und bei dieser Rechnerei zeigt sich die ganze Naivität der Maschine: Anstatt nun einfach die eingetragenen Zahlen zu addieren, zu subtrahieren, miteinander zu multiplizieren, durcheinander zu dividieren, Prozentwerte zu errechnen usw., übersetzt der Computer jede vorgefundene Zahl in ein nur ihm verständliches Zahlensystem (genannt «Binärsystem», erfunden vom berüchtigten Gottfried Leibniz im 17. Jahrhundert beim Anblick von Kühen und inspiriert durch deren Hufe mit genau zwei Zehen).

Dieses Zahlensystem zeichnet sich dadurch aus, daß es nur Einsen und Nullen kennt. Große Zahlen, die ja bei Ihrem Erbe hoffentlich auftreten, werden durch die Umsetzung noch viel länger und entsprechend sperrig. Mit diesen Monsterzahlen schlägt sich der Computer dann intern herum. Da er außerdem nur die Grundrechenarten beherrscht, muß er selbst einfachste Berechnungen in mehrere Schritte zerlegen. Ein einfaches Beispiel:

Anwender: «Berechne 11 Prozent von 123 876!»
Computer: «123876 ist 11110001111100100 im Binärsystem. 1 Prozent bedeutet 11110001111100100 geteilt durch 100. 100 ist 1100100 im Binärsystem. 11110001111100100 geteilt durch 1100100 ist 10011010110. 11 Prozent bedeutet 1 Prozent multipliziert mit 11. 11 ist 1011 im Binärsystem. 10011010110 mal 1011 ist 11010100110010. 11010100110010 ist 13618 im Dezimalsystem. 11 Prozent von 123876 ist 13618.»

Daß der Computer für dieses umständliche Verfahren seine Zeit braucht, ist klar – in diesem Fall sind es ungefähr 4 Nanosekunden (1 Nanosekunde ist der millionste Teil einer Sekunde).

Für Sie heißt es also: warten! Damit Sie sich während der Wartezeit nicht langweilen, wird der Computer die vier Nanosekunden mit blinkenden Texten und Symbolen verkürzen.

Die langsamsten Teile eines Computers sind die Laufwerke – also die eventuell eingebaute Festplatte und die Diskettenlaufwerke. Das liegt daran, daß hier die Daten physikalisch behandelt werden. Bitte stellen Sie sich unter einem Diskettenlaufwerk eine Kreuzung zwischen Schallplatte und Tonband vor. Der Vergleich zur Schallplatte liegt in der runden Form begründet. Zwar ist die Diskettenhülle viereckig, aber die darin eingelegte Folie ist rund.

Achtung! Wenn Sie in einer Anleitung lesen, daß Sie die Diskette aus ihrer Hülle nehmen und ins Laufwerk einlegen sollen, dann benutzen Sie bitte kein Schneidewerkzeug, um die Hülle aufzuschlitzen! Mit «Hülle» ist nämlich die Pappe gemeint, in der die Diskette mit ihrer Kunststoffhülle steckt. Sie sehen, eine Diskette ist zweifach umhüllt.

Bei den modernen Dreieinhalb-Zoll-Disketten liegt der Fall anders: Hier ist die datentragende Folie in einer flachen Kassette aus festerem Plastik eingeschlossen – wahrscheinlich um zu verhindern, daß Anwender versuchen, an die Folie zu kommen.

Die Ähnlichkeit zum Tonband ist viel weitgehender: Die Diskettenfolie entspricht nämlich dem Band in einer Tonbandkassette – sie ist nur nicht aufgewickelt, sondern plattgewalzt. Magnetisierbar ist sie jedoch auch. Beim Schreiben und Lesen von Daten werden dann die Magnetpartikel magnetisiert und entmagnetisiert. Das erledigt der Schreib-Lesekopf, der im Diskettenlaufwerk Dienst tut.

Mit einer aufwendigen Präzisionsmechanik wird er über der sich drehenden Folie hin und her bewegt, bis er ein Plätzchen für die zu speichernden Daten gefunden hat. Oder auch nicht – dann ist die Diskette voll. Ein interessantes Experiment können Sie unter Zuhilfenahme eines mittelstarken Permanentmagneten durchführen. Nehmen Sie eine Diskette, von der Sie wissen, daß Daten auf ihr gespeichert sind. Führen Sie den Permanentmagneten an die Oberfläche der Diskette heran. Anschließend versuchen Sie die Daten von der Diskette zu lesen.

Sie werden sich wundern! Keine Daten. Der Magnet hat sie alle abgesaugt! Technisch gesprochen hat der Magnet einfach für Ordnung bei den Partikelchen auf der Diskette gesorgt – er hat sie alle eingeordnet. Gespeicherte Daten äußern sich aber gerade im geplanten Chaos der Partikel. So einfach ist das.

Das Experiment läßt sich übrigens mit ganz witzigen Gegenständen wiederholen: Lautsprecherboxen und Scheren. Die sind nämlich auch magnetisch und löschen Daten.

Praxistip:
Disketten

Die Disketten für Computer sind wesentlich unempfindlicher, als es Experten glauben machen wollen. Zwar sollte man sie weder toasten noch schockgefrieren. Auch das Baden in Seifenlauge ist weniger empfehlenswert. Schließlich dürfen die weicheren 5,25-Zoll-Disketten nicht geknickt werden.

Mitarbeiter eines Softwarehauses berichten, daß ein ordnungsliebender Kunde die Aufforderung, seine Programmdisketten einzuschicken, dahingehend mißverstand, daß er alle vier Disketten ordentlich mit einem Kurzbrief zusammenheftete. Die Disketten waren danach nicht mehr zu gebrauchen.

Gegen magnetische Einflüsse schützen Sie Ihre Disketten am besten dadurch, daß Sie niemals einen metallischen Gegenstand auf eine Diskette legen. Vor Staub und Schmutz bewahrt ein Diskettenkasten.

Irgendwie gehören die Disketten auch zur Ernährung des Computers. Schließlich gibt es nur drei Möglichkeiten, den Rechner mit Daten zu füllen:

1. durch Eingeben Ihrerseits,
2. durch Lesen bespielter Disketten,
3. durch Übertragen von Daten von einem zum anderen Computer per Kabel.

Der dritte Punkt leitet denn auch geschickt über zu einem der wichtigsten Themen rund um das Wohlbefinden des Computers.

Soziale Kontakte

Ohne weitere Gefährten ist der Computer ganz allein mit Ihnen. Ähnlich wie bei der Graugans, die nach dem Schlüpfen zuerst einen Menschen gesehen hat, wird ein isolierter Computer immer auf den Menschen fixiert bleiben. Das äußert sich darin, daß er mit niemandem anderen Informationen austauschen wird.

Natürlich können Sie auch andere Anwender an Ihrem persönlichen Computer arbeiten lassen, Sie müssen allerdings auf merkwürdige Ereignisse gefaßt sein. Ein Beispiel aus der Praxis:

Herr E. aus F. besitzt einen Apple Macintosh SE. Dieser Mac ist stark auf Herrn E. fixiert, kennt also keine anderen Anwender. Herr E. hat den Computer ganz an seine Bedürfnisse angepaßt. Eines Tages bietet Herr E. seinem Kollegen W. an, den Mac für das Anfertigen eines Berichtes zu benutzen. Herr W. setzt sich an den Rechner und will ein Programm starten. Der Mac antwortet mit der Meldung «Error # 127 no contact possible. Reboot». Dem hinzueilenden Herrn E. ist diese Meldung völlig unbekannt. Nach dem Neustart des Rechners probiert er selbst, das gewünschte Programm aufzurufen. Dies gelingt. Als jedoch Herr W. mit der Texteingabe beginnen will, schaltet sich der Mac selbsttätig ab.

In diesem Fall haben wir es mit einem Computer zu tun, der geradezu krankhaft auf seinen Anwender fixiert ist. Die Symptome sind deutlich. Die Ursache liegt sicher darin, daß der hier vorgestellte Mac noch nie Kontakt zu einem anderen Computer hatte und nicht einmal mit einem Drucker zusammenarbeiten konnte. Als Abhilfe kann Herrn E. nur empfohlen werden, rasch einen Drucker zum Anschluß an den Mac anzuschaffen.

Der Kauf und Anschluß eines Druckers hat einen weiteren Vorteil: Die Arbeitsergebnisse können auch Menschen zugänglich gemacht werden, die der Computer – aus welchen Gründen auch immer – ablehnt.

Alternativ wäre auch die vorübergehende Verbindung zu einem zweiten Computer möglich. Hierbei ist allerdings darauf zu achten, daß der psychisch kranke Computer seine Fixierung nicht auf den Partner überträgt.

Drucker

Der unkomplizierteste Partner für Ihren Computer ist der Drucker. Er ist meist ziemlich dumm und – bei richtiger Anleitung – recht willig. Für den Computer stellt der Drucker weniger einen gleichberechtigten Partner als vielmehr einen Untergebenen dar. Anders formuliert: Der Drucker ist der Sklave des Computers (deshalb sprechen Experten vom «Master-Slave-Betrieb»...).

Es ist nämlich so, daß der Computer dem Drucker nicht nur die Daten schickt, sondern auch die zugehörigen Befehle. Wenn Sie z. B. möchten, daß das Wort «Mahnung» fett gedruckt werden soll, muß der Rechner dies dem Drucker mitteilen. Genau da fangen die Probleme mit der Blödheit der Drucker an – und zwar für Sie!

Fast jeder Drucker versteht eine andere Sprache. Kaum ein Computerprogramm beherrscht aber diese Druckersprachen. Bleiben wir beim Beispiel mit der fetten Mahnung. Angenommen, der Computer spricht englisch (was er ja schließlich auch tut...); Ihr Drucker versteht aber nur italienisch. Dann ruft der Rechner dem Printer «bold!» zu. Das versteht der Drucker nicht, weil er den Befehl «grasso!» erwartet. Alle Befehle aber, die er nicht versteht, ignoriert er. Also keine fette Mahnung.

Im Orient kennt man den ehrenwerten Beruf des Kameltreibers, der allen Vorurteilen zum Trotz unserem ebenfalls ehrenwerten Schafhirten entspricht. Im Verkehr zwischen Computer und Printer gibt es den ganz besonders ehrenwerten Druckertreiber. Er hütet jedoch keine Schafe (Kamele?), sondern wird als Dolmetscher tätig: Aus «bold!» macht er «grasso!», was dann die erhoffte fette Mahnung auf dem Papier ergibt.

Einen Druckertreiber kann man nicht sehen, nicht hören, nicht riechen und auch nicht anfassen – nicht einmal kaufen kann man ihn; es handelt sich nämlich um ein winziges Prográmmchen, das im Computer gespeichert ist und zum Lieferumfang eines richtigen Programmes gehört (Textverarbeitung, Tabellenkalkulation, Dateiverwaltung, Malprogramm etc.).

Für fast jeden Druckertyp müßte man theoretisch einen speziellen Druckertreiber haben. Da aber zum Programmieren eines Treibers Zeit und Geld zu investieren sind, legen die meisten Programmhersteller nur ein paar Druckertreiber für die gängigsten Geräte bei. Eines der ehernen Gesetze der Computerei aber lautet: Man hat nie den Druckertreiber, den man gerade braucht.

Wenn Sie sich wenigstens diesen Ärger beim Drucken ersparen wollen, dann kaufen Sie eben einen dieser Allerweltsdrucker, also einen ** ***** jet III oder einen ***** ** ** oder einen ***** ***** writer II (Namen aus wettbewerbsrechtlichen Gründen unkenntlich gemacht – der Zensor). Diese Empfehlung läßt sich erweitern zu einem weiteren ehernen Gesetz der Computerei: Man halte sich an Standards.

Unter einem Standard versteht man eine ungeschriebene Vereinbarung über technische Details, mit der die Marktführer allen anderen Anbietern vorschreiben, was sie zu tun oder zu lassen haben. Standards sind aber organische Strukturen, die wachsen, blühen, vergehen oder mutieren. Bei der schnellen Veränderungsgeschwindigkeit in der Computerbranche bedeutet dies ganz einfach: Standards gibt's nicht.

Das hat auch schon die großmächtige IBM feststellen müssen, als sie einen Standard für die Bildschirmdarstellung propagierte, der technisch bereits völlig überholt war, als die ersten standardgemäßen Geräte zu kaufen waren. Im Hinblick auf den Druckerkauf entsteht also ein klassisches Dilemma: Egal, welchen Drucker Sie kaufen, es wird immer falsch sein.

Hinzu kommt die allgemeine, durchgehende und unvermeidbare technische Unzulänglichkeit des Druckers an und für sich. Jede Gattung hat ihre gravierenden Nachteile. Eingeteilt werden die Drucker in folgende Kategorien:

1. Nadelmatrixdrucker
2. Typenraddrucker
3. Tintenstrahl- und Thermodrucker
4. Laserdrucker

Erfahrene Computeranwender teilen die Drucker anders ein:

1. Krachschläger und Flüsterzwerge
2. Dreckschleudern und Saubermänner
3. Kostentreiber und Sparsamprinter

Die Zuordnung ist einfach: Drucker, bei denen das Papier mechanisch behandelt wird, sind laut. Ehedem waren die Typenraddrukker die typischsten Vertreter dieser Gattung – ein kräftiger Typenradler war gut und gerne in der Lage, einen startenden Airbus zu übertönen. Das Wörtchen «war» im vorigen Satz deutet es schon an: Der Typenraddrucker ist so gut wie ausgestorben. Und das ist auch gut so!

Sein Erbe in Sachen Lärm trat der Nadelmatrixdrucker an, der so heißt, weil er druckt, indem er mit Nadeln, die in einer Matrix angeordnet sind, das Farbband aufs Papier hämmert. Nicht verstanden? Macht nichts. Entscheidend ist das Hämmern, das sich bei der heute obligatorischen Druckfrequenz von 200 bis 400 Zeichen pro Sekunde irgendwie nach Kreischen oder Sägen anhört. Es gibt kaum ein unangenehmeres Geräusch als das eines schnellaufenden Nadeldruckers.

Dafür sind diese Printer wahnsinnig schnell. Rechnen Sie mal: Ein normaler Brief umfaßt ca. 500 einzelne Zeichen (Buchstaben, Ziffern, Satzzeichen), ein normaler Drucker schafft sicher 200 Zeichen pro Sekunde –in knapp drei Sekunden ist die Korrespondenz erledigt.

Ein Grundprinzip teilt der Nadeldrucker mit der Schreibmaschine. Die Farbe kommt vom Farbband. Und dieses verfügt über eine begrenzte Lebensdauer, muß also von Zeit zu Zeit gewechselt werden. Dazu eine kurze Praxisanleitung:

1. Ziehen Sie Ihren Werkstatt-Overall über!
2. Legen Sie Arbeitshandschuhe an!
3. Schalten Sie den Drucker ab!

4. Öffnen Sie den Drucker!
5. Entfernen Sie das verbrauchte Farbband!
6. Legen Sie die neue Farbbandkassette ein!
7. Versuchen Sie mit List und Tücke, das Farbband zwischen Druckkopf und Papier zu friemeln!
8. Sollte Ihnen das wider Erwarten gelingen, haben Sie das Schlimmste hinter sich.
9. Schließen Sie den Drucker!
10. Schalten Sie den Drucker ein!
11. Ziehen Sie die Arbeitshandschuhe aus!
12. Legen Sie den Overall ab!
13. Bringen Sie Handschuhe und Overall in die Reinigung!

Ach so, vergessen Sie nicht, die Schutzkleidung wieder aus der Reinigung zu holen!

So einfach ist heutzutage der Farbbandwechsel am Nadeldrukker. Beim Papier haben Sie natürlich viel weniger Probleme. Vorausgesetzt, Sie verwenden das typische EDV-Endlospapier, das allen Ihren Drucksachen den unaufdringlichen Charme eines Steuerbescheids verleiht. Um solches Endlospapier problemlos zu transportieren, besitzen alle Drucker irgendwelche Vorrichtungen mit so ulkigen Namen wie «Stachelwalze» oder «Zugtraktor».

Das Prinzip besteht darin, daß die Löcher im Rand des Endlospapieres genau in die Kunststoffpickel auf der Transportwalze plaziert werden und jede Drehung der Walze dann das Papier ein Stück weiterzieht oder -schiebt. Sie wissen ja, grau ist alle Theorie – so auch die des Plazierens von Papierlöchern auf Kunststoffpickeln. Sie werden es (fast) nie auf Anhieb schaffen, diese Operation so auszuführen, daß die beiden Papierränder parallel zu liegen kommen. Trösten Sie sich am besten mit der Einsicht, daß nur Übung den Meister macht.

Sollten Sie noch keine Briefbögen als Endlospapier haben, lassen Sie welche drucken, wenn Sie einen Nadeldrucker haben. Wahlweise schaffen Sie sich einen Einzelblatteinzug an. Dieses Gerät entspricht dem Originaleinzug eines Fotokopierers (das ist der Teil des Kopierers, der immer nicht richtig funktioniert...) und verdoppelt annähernd den Wert Ihres Druckers (Beispiel: Drucker kostet knapp 800 Mark, Einzelblatteinzug 550 Mark). Jetzt können Sie ausrechnen, ob es auf die Dauer preiswerter ist, Briefpapier mit Lochrandperforation herstellen zu lassen.

Die Evolution schreitet langsam, aber unaufhaltsam voran. Auf den Nadeldrucker folgten der Thermodrucker und sein naher Verwandter, der Tintenstrahler. Beide haben mit dem Nadeldrucker diese schwer zu erklärende Matrix gemeinsam und verarbeiten vorzugsweise Endlospapier.

Dafür sind sie aber wirklich flüsterleise, weil nichts aufs Papier hämmert. Der Thermodrucker macht's durch Ab- und Aufschmelzen von Farbpartikeln vom Farbband aufs Papier, der Tintenstrahler spritzt – wie sein Name andeutet – Tintentropfen auf das Papier. Sie können sich sicher vorstellen, daß der Thermoprinter nicht schnell sein kann, wo doch erst etwas heiß gemacht und dann wieder abgekühlt werden muß. Deshalb ist er auch so selten.

Weiter verbreitet ist der Tintenstrahldrucker, der leise, schnell und sauber ist. Halt! Sauber ist zwar auch der Ausdruck, doch nur dann, wenn er trocken gehalten wird. Wenn Ihnen z. B. der Angstschweiß beim Verfassen einer Kreditanfrage an die Bank auf das frisch bespritzte Papier tropft, löst sich der Darlehenswunsch einfach auf. Auch eine feuchte Aussprache beim Anwender spricht gegen den Tintenstrahler.

Lieblingskind aller Computerfans ist der Laserdrucker, weil er alle Vorzüge der anderen Drucker in sich vereint, ohne deren Nachteile zu haben. Ein Laserdrucker ist leise, sauber, schnell und druckt mit höchster Qualität. Natürlich hat soviel Anwenderglück seinen Preis: Laserdrucker kosten soviel wie ein Computer und mehr.

Das liegt daran, daß es so schwierig ist, einen Laserstrahl dazu zu bringen, Buchstaben zu malen. Dafür braucht man viel Speicher, viel Intelligenz und viel Hightech (Anmerkung: «Hightech» steht für alles, von dem selbst Fachleute nicht erklären können, wie es funktioniert). Insofern ist ein Laserdrucker im Vergleich zu allen anderen Kollegen nicht dumm. Insofern läßt er sich auch nicht vom Computer zum Sklaven machen. Und insofern machen Laserdrukker noch mehr Schwierigkeiten als andere Drucker.

Wie gesagt, dem Computer ist das völlig egal, solange er überhaupt einen Sklaven hat. Er schickt seine Daten zum Drucker und kümmert sich nicht im mindesten um das Ergebnis. Selbst wenn kein Drucker angeschlossen ist, schickt er Daten hin – und meldet nach ein paar Minuten ganz lakonisch, daß kein Drucker vorhanden ist.

Praxistip:
Druckerkauf

Eine wichtige Empfehlung ist bereits angeklungen: Kaufen Sie sofort einen Drucker zum neu angeschafften Computer. Sie werden kaum glauben, wie wichtig das bedruckte Papier beim Informationsaustausch in modernen vollelektronischen Zeiten ist.

Welcher Drucker für Sie am besten ist, hängt vom Haupteinsatz ab. Falls Sie hauptsächlich irgendwelche Listen und Texte für den internen Gebrauch anfertigen, reicht ein Neun-Nadel-Matrixdrucker. Der ist billig, erzeugt aber das computertypische Schriftbild. Besser und teurer wird es mit einem Vierundzwanzig-Nadeldrucker; die fortgeschrittensten Vertreter dieser Kategorie erzeugen ein Schriftbild, das mit dem Fachbegriff «Near-Letter-Quality» (abgekürzt: NLQ, übersetzt: Fast-Korrespondenzqualität) bestens umschrieben ist.

Falls Sie besonders lärmempfindlich sind, wählen Sie einen Tintenstrahldrucker, weil der ebenfalls NLQ kann und leise ist. Reicht Ihr Budget aus, greifen Sie zum Laserdrucker.

Das Budget spielt auch eine Rolle bei den laufenden Kosten. Während die Kosten pro Blatt beim Matrixdrucker bei weniger als einem Pfennig liegen, kommen Tintenstrahler und Laserdrucker auf einen Groschen und mehr pro Blatt.

Körperpflege

Alles, was Menschenhände berühren, wird schmutzig. In diesem Satz steckt nicht nur das ganze Elend der Überflußgesellschaft

(Stichwort: Müllproblem), sondern auch eine praktische Erkenntnis der Computerei. Der Körperkontakt mit dem Computer beschränkt sich zunächst auf die Berührung der Taste durch den Finger.

Dies führt zu Ablagerungen unterschiedlichster Art; auf Details sei hier wegen der Unappetitlichkeit nicht näher eingegangen. Tatsache ist, daß die Tastatur am schnellsten verschmutzt. Komischerweise sind die Tasten am dreckigsten, die am wenigsten benutzt werden («@», «£», «#» usw.). Die statistisch am häufigsten betatschten Tasten sind «e», «r», «n» und die Leertaste.

Rein technisch gesehen, wandert der aufgebrachte Schmutz beim Tippen zum Teil wieder auf den Finger ab («Nach dem Tippen, vor dem Essen, Händewaschen nicht vergessen!») – deshalb bleiben die Lieblingstasten länger sauber. Fragt sich nur, wie man die anderen Tasten sauber kriegt.

Eine logische Möglichkeit wäre sicher, einmal im Monat auf den wenig benutzten Tasten herumzuhacken. Bis der Schmutz an Ihren Fingern haftet, dürften allerdings einige Stunden vergehen. Besser sind da eher traditionelle Verfahren: z. B. das Reinigen mit einem feuchten Tuch. Die Betonung liegt auf feucht! Ein nasser Lappen würde nämlich Wasser in die Tastatur befördern, das dort sein korrodierendes Unwesen treiben kann.

Staub zwischen den Tasten wird abgesaugt. Sie können tatsächlich den normalen Haushaltsstaubsauger benutzen. Besorgen Sie sich dazu im Heimwerkerladen einen Korken, der genau in das Saugrohr des Staubsaugers paßt, und ein Stück Plastikschlauch von etwa 55 bis 66 Millimetern Durchmesser. Bohren Sie ein passendes Loch in den Korken, und stecken Sie den Plastikschlauch hindurch. Der Korken kommt aufs Saugrohr, mit dem Schlauchende wird – auf niedrigster Stufe – gesaugt. Schließen Sie vorher die Tür, und ziehen Sie die Vorhänge zu; jeder, der Sie beim Absaugen des Computers sieht, wird an Ihrem Verstand zweifeln.

Der zweite Reinigungstip ist so blödsinnig, das er hier nur zitiert werden kann (Computerzeitschrift Data Welt, Ausgabe 11/88): «Ziehen Sie alle Tastenkappen ab und legen Sie diese in einen Waschbeutel... Der Beutel mit den Tastenkappen wird bei 30 Grad ohne Schleudern in der Waschmaschine gewaschen – zur Not mehrmals. Nach dem vollständigen Trocknen werden die Tasten wieder

ICH WOLLTE NUR DIE TASTATUR MAL KRÄFTIG ABSAUGEN!

aufgesetzt.» Außerdem empfiehlt der Verfasser dieses Tips, vor dem Abziehen der Tasten eine Lageskizze anzufertigen, damit hinterher der Druck auf die Taste «x» kein «u» auf den Bildschirm bringt.

Man mag zu Plastik stehen, wie man will – der Ökocomputer aus geöltem Kiefernholz liegt leider noch nicht vor. Auch Blech kommt nur bei relativ exklusiven, für den Geländeeinsatz geplanten Rechnern vor; selbst dann ist es meistens kunststoffbeschichtet. Jetzt müßte eigentlich eine Erklärung der Elektrostatik folgen, die aber schon so oft aufgeschrieben wurde, daß sie hier ausbleiben soll.

Jedenfalls ziehen Computergehäuse den Staub magisch an. Schlimmer noch: Auch die Partikel aus dem Zigarettenrauch werden am Gehäuse abgelagert. Frage am Rande: Könnte ein völlig verdreckter Computer nicht ein guter Grund sein, das Rauchen aufzugeben? Dreck muß weg, und so greifen Sie am besten zum Glasreinigungsmittel (das FCKW-freie zum Sprühen...) und einem weichen Lappen. Besprühen Sie das Gehäuse und wischen Sie anschließend ab.

Sollte der Lappen vorher weiß gewesen sein, wird sich das jetzt geändert haben. Übrigens: Glasreiniger kann auch ruhig etwas großzügiger angewendet werden, weil er selbst im Inneren des Rechners keine größeren Schäden verursachen kann – das Mittel verdunstet ziemlich schnell. Eines ist wichtig: Reinigen Sie den Computer nur im abgeschalteten Zustand! Im Gehäuse befinden sich tatsächlich Hochspannungsteile, die jeden feuchten Weg wahrnehmen werden, Ihnen einen deftigen Schlag zu versetzen!

Das gilt auch für den Monitor. Dessen Gehäuse wird wie beschrieben gereinigt. Die Mattscheibe selbst sollte mit gebührender Vorsicht behandelt werden, obwohl sie es am nötigsten hat. Ist Ihnen schon aufgefallen, daß sich auf dem Glas am meisten Schmutz sammelt? Auch das liegt an der Elektrostatik, die hier durch das Elektronenbombardement der Kathodenstrahlröhre (tolles Wort, nicht?) auf die Innenseite der Mattscheibe noch gesteigert wird.

Die Monitorhersteller kennen die Hauptschwächen ihrer Produkte genau. Deshalb beschichten und verätzen Sie die Frontscheibe, um die allergröbsten Reflexprobleme abzumildern. Leider reagieren geätzte und beschichtete Scheiben ganz unterschiedlich auf Reinigungsversuche. Manche machen ihrem Namen nach der Reinigung alle Ehre und werden – matt. Das behindert die Sichtbarkeit der Zeichen und Bilder am Bildschirm ganz beträchtlich. Einen versehentlich gematteten Monitor können Sie im Prinzip wegwerfen.

Wer gerne kocht, hat Olivenöl im Haus. Einen matten Bildschirm bringen Sie durch Einreiben der Frontscheibe mit demselben wieder auf Hochglanz. Ehrlich!

Exkurs: Öffnungen und Schlitze

Das Thema «Öffnungen und Schlitze» wurde schon bei den Empfehlungen zum Computerkauf angesprochen. Die Erfahrung lehrt, daß es nicht oft genug diskutiert werden kann, auch wenn viele Aspekte einer gewissen Peinlichkeit nicht entbehren.

Die feministisch beeinflußte Psychologie des Mannes hat den massiven Wunsch der meisten männlichen Wesen erkannt, das Innere von Öffnungen und Schlitzen zu erforschen. Weiter gilt als sicher, daß es eine Art männlichen Trieb gibt, solche Öffnungen zu stopfen.

Der Computer verfügt über einige Öffnungen. Die meisten Computeranwender sind Männer. Sie können sich denken, was folgt, oder? Richtig: Dauernd versuchen Männer etwas in die Öffnungen des Computers zu stopfen. Da die Rückseite meist weniger zugänglich ist (Lüftungsschlitze, Erweiterungssteckplätze, sogenannte «Slots»), konzentrieren sich diese triebhaften Zugriffe auf die Vorderseite und dort – mangels anderer Möglichkeiten – auf den Diskettenschlitz bzw. die Diskettenschlitze.

Von Natur sind diese Schlitze ausschließlich für die Aufnahme von passenden (!) Disketten bestimmt; ihre Form scheint jedoch die Phantasie manchen Anwenders zu beflügeln. Und so werden immer wieder Computer in die Werkstätten eingeliefert, die durch das Einführen ungeeigneter Gegenstände in das Diskettenlaufwerk beschädigt wurden.

Sehr häufig handelt es sich um Papier. Gelegentlich wurden aber auch schon Einlegesohlen, Filtertüten und Kreditkarten gefunden.

In diesen Fällen muß man eindeutig von einem Vorsatz des Täters ausgehen.

Auf eine große Unkenntnis der Anatomie des Computers läßt dagegen schließen, wenn sich Disketten samt Hülle im Laufwerk finden. Auch Handbuchseiten im Diskettenschlitz sind oft Folge mißverständlicher Formulierungen in der Anleitung. Einen besonders schwierigen Fall schildert ein Techniker, der zu einem Kunden gerufen wurde. Dieser hatte beim Notruf angegeben, daß er seine Systemdiskette nicht mehr aus dem Computer bekäme.

Vor Ort fand der Techniker dann eine Diskette, die nur noch zu einem kleinen Teil aus einem Schlitz im Gehäuse hervorragte. Allerdings handelte es sich nicht um den Diskettenschlitz, sondern um die Verbindungsstelle zwischen zwei Gehäuseteilen, die gerade so breit ausgefallen war, daß die Diskette mit Mühe hineingestopft werden konnte. Grund der Misere: In der Bedienungsanleitung fand sich die Anweisung: «... und stecken Sie anschließend die Systemdiskette in den waagerechten Schlitz an der Vorderseite des Gehäuses.»

Zurück zum Reinigen eines Diskettenlaufwerks. Wie kommt der Schmutz rein, wo lagert er sich ab und was ist schlimm daran? Die Antworten:

1. Durch den Schlitz.
2. Am Schreib-Lesekopf.
3. Siehe unten.

Der Schreib-Lesekopf tut, was er soll: Er schreibt und liest Daten. Das macht er mit einem mikroskopisch schmalen Spalt vor einem Elektromagneten minimaler Größe. Der Spalt bewegt sich über der Magnetfolie. Der E-Magnet wandelt beim Lesen vorgefundene magnetische Ausrichtung in elektrische Impulse um. Beim Schreiben geht's umgekehrt. Klebt man den Spalt zu, ist es vorbei mit dem Schreiben und Lesen. Selbst das Verkleinern des Spaltes behindert oder verhindert die Arbeit des Schreib-Lesekopfes. Schmutz, der sich an diesem Teil des Laufwerks ablagert, verkleinert den bewußten Spalt und führt zum unerwünschten Schreib-Lesefehler.

In qualmfreien Räumen mit normaler Staubigkeit dauert es mitunter Jahre, bis der Schreib-Lesekopf verschmutzt – Computer, die sauber gehalten werden, erleben diesen Zeitpunkt wegen Verschrottung meist nicht. Ist es bei Ihnen ein wenig, ähem, schmutziger, dauert es vielleicht nur ein Jahr bis zum Disketten-GAU. Sind Sie aber Raucher und können Sie sich die Fluppe selbst am Computer nicht verkneifen, dann wird der Schreib-Lesekopf oft schon nach ein paar Monaten völlig mit Teer verklebt und verschmiert sein (Igitt!).

Dann empfiehlt sich die Beschaffung einer Reinigungsdiskette. Diese besteht aus einer normalen Diskettenhülle, in der sich keine runde Folie, sondern ein rundes Vlies befindet. Mit der zum Reinigungsset gehörenden Flüssigkeit benetzen Sie das Vlies und stecken die Saubermannscheibe ins verdreckte Laufwerk. Dann müssen Sie die Floppystation nur noch zum Laufen bringen – z. B., indem Sie es nach Daten suchen lassen, die garantiert nicht auf der Reinigungsdiskette zu finden sind. Dabei dreht sich die Scheibe etliche Male am Schreib-Lesekopf vorbei und nimmt den Schmutz mit.

Sie sehen, es ist gar nicht so schwer, den Computer ordentlich zu pflegen. Ein bißchen Know-how und etwas Liebe zum Gerät reichen völlig aus.

Spielgefährten

Die Einsamkeit des Computers können Sie natürlich am besten dadurch lindern, daß Sie sich viel mit ihm beschäftigen. Meistens reicht eine gemeinsame Stunde am Tag, um den Computer bei Laune zu halten. Nun ist es gerade für den Berufstätigen schwierig, immer Zeit für den Computer zu opfern, zumal soziale Kontakte zu Menschen, Hobby und Unterhaltung ebenfalls nicht zu vernachlässigen sind.

Dies alles hat der Mensch eher im Griff als der Computer. Obwohl es gerade der Typ des kontaktarmen, unsportlichen und am Kulturellen völlig desinteressierten Computerfreak war, der das Bild vom Computeranwender in der Öffentlichkeit geprägt hat. Ja, es hat sie gegeben, die Hacker, denen eine Minute Zugang zum Großrechner alles bedeutete, die sich ausschließlich von Hamburgern und Cola ernährten und mehr über einen Rechner wußten als dessen Entwickler und Konstrukteure.

In den USA ist der Hacker inzwischen fast völlig ausgestorben. Lediglich in den Bergen Montanas und in der Mojave-Wüste wurden einzelne Exemplare gesichtet. Da gibt es z. B. einen in den siebziger Jahren höchst erfolgreichen Programmierer, der eine Holzhütte fernab jeglicher Zivilisation bewohnt. Den Strom, den er für seine Computer braucht, erzeugt er mit Hilfe einer Solaranlage selbst. Sein Verkehrsmittel für den engeren Bereich ist das Mountain Bike, größere Entfernungen überbrückt er mit seinem Privathelikopter.

Das nur zum Thema «Einsamkeit» bei Computeristen. Der Rechner selbst leidet, wenn er allein ist. Da Sie aber nicht ständig bei ihm sein können, müssen Sie ihm in Ihrer Abwesenheit etwas zum Spielen geben.

Dabei handelt es sich zunächst einmal um Geräte, die an den Computer angeschlossen werden. Die Gesamtheit dieser anschließbaren Dinge nennt der Fachmann «die Peripherie». Warum das so ist, wird ewig ein Geheimnis der ersten Computerfachleute bleiben. Vielleicht soll der Begriff aber auch andeuten, daß diese Geräte nur am Rande wichtig sind. Hier eine Liste von Geräten, die dem Computer Freude machen:

1. Die Maus: seifenschalengroßes und -förmiges Teil, das mit einem Kabel an den Computer angeschlossen wird. Mit der Maus kann man die Tastatur schonen, weil man mit ihr den Computer bedienen kann.
2. Der Drucker: siehe oben.
3. Das Modem: siehe unten.
4. Der Scanner: ein Gerät, das wie ein Fotokopierer funktioniert, aber kein Papier benutzt. Statt dessen schickt der Scanner das, was er kopiert, in Form von Daten an den Computer. Und der muß dann sehen, wie er damit klarkommt.
5. Das CD-ROM: ein CD-Player, der aus Daten Daten macht und keine Musik oder so. Jedenfalls passen auf eine Daten-CD sehr viele Daten, und der Computer kann diese vielen Daten vom CD-ROM lesen oder so. In der Praxis hat das CD-ROM keine Bedeutung, weil es nur Daten-CDs gibt, die keinen Menschen interessieren – Beispiele: die Adressen aller TACO-BELL-Re-

staurants in den USA und Mexiko, ein lateinisch-hebräisches Wörterbuch, die Bibel in der Version von Karl Emanuel Pfitzlein (quellenkritische Ausgabe), sämtliche Werke des berühmten amerikanischen Dichters Robert Anderson usw. Und das alles in englischer Sprache.

Und dann gibt es noch Handscanner und Diabelichter, Overhead-LCDs und A / D-Wandler, MIDI-Interfaces und Framegrabber, usw. Ob Ihr Computer eines der angeführten Geräte mag, testen Sie am besten nach der Baby-glücklich-Baby-traurig-Methode: Sie schließen die Peripherie ordnungsgemäß an, überspielen eventuell nötige Programme auf den Computer und versuchen, das angeschlossene Gerät für den Zweck zu benutzen, für den es gedacht ist.

Der Computer wird darauf wie ein Baby reagieren, dem man ein Räppelchen schenkt: Entweder es mag das Spielzeug, lacht und freut sich, oder es beginnt zu plärren und schmeißt das Geschenk in hohem Bogen aus dem Laufstall. Da der Computer nicht werfen kann, zeigt er seine Abneigung gegen die angeschlossene Peripherie dadurch, daß er entweder abstürzt, also gar nichts mehr macht, oder das Gerät einfach ignoriert.

Nach diesem Muster probieren Sie alle genannten Peripheriegeräte durch. Was der Computer nicht akzeptiert, können Sie ja zum Händler zurückbringen. Daß der das Gerät dann aber auch annimmt und Ihnen das Geld zurückgibt, ist unwahrscheinlich. Schließlich war der Verkäufer ja heilfroh, endlich einen Idioten gefunden zu haben, der den völlig überteuerten ziemlich unbrauchbaren 12-Farben-DIN-A3-Plotter für annähernd 4000 Mark kaufte. Und was er einmal gegen Geld aus dem Laden geschafft hat, das wird er nie, nie, nie mehr zurücknehmen.

Machen Sie sich nichts daraus: Tausende von Computeranwendern besitzen Schränke voller unnötiger Peripheriegeräte. Hier liegt übrigens auch die Ursache für die unsäglichen Computerflohmärkte, die sich heutzutage bis zum letzten Schützensaal im Emsland ausgebreitet haben. Dort sitzen traurige Computeranwender an Tapeziertischen und versuchen, die von Ihrem Computer abgelehnte Peripherie für einen Bruchteil des Neuwertes zu verkaufen. Selten mit Erfolg.

Praxistip:
Peripherie kaufen

Wie bei jedem Hobby oder jeder ernsthaften Beschäftigung mit einer Sache verführt auch die Computerei zum Anschaffen nutzloser Dinge. Die meisten Peripheriegeräte sind zunächst einmal nutzlos. Erst wenn Sie ganz genau wissen, was Sie mit dem Computer machen wollen, ist der Zeitpunkt gekommen, sich mit Peripheriegeräten zu befassen.

Und zwar genau dann, wenn Sie bei der Arbeit folgenden Satz zu denken beginnen: «Wenn es ein Gerät gäbe, mit dem ich jetzt pipapo machen könnte, dann würde das die Arbeit erleichtern / das Ergebnis verbessern.» Setzen Sie für «pipapo» die Tätigkeit ein, an der Sie gerade knabbern – und schon haben Sie die Vorstellung von einem idealen Zusatzgerät entwickelt.

Anschließend blättern Sie in Ihrer Sammlung von Computerzeitschriften. Dort werden Sie viele Tests von Peripheriegeräten finden; Computerjournalisten neigen nämlich dazu, zur Abwechslung einmal über «etwas ganz anderes» zu schreiben, und wenden sich dann den exotischeren Angeboten der Branche zu. Solche abseitigen Tests sind eine wahre Fundgrube für Zusatzgeräte.

Gibt es also ein Gerät, das Ihren Anforderungen entspricht, dann sind Sie auf dem richtigen Weg. Sie müssen jetzt nur noch herausfinden, wo man es bekommt – und das ist dann die schwierigste Aufgabe beim Peripheriekauf.

Übrigens: Die Maus ist das einzige Zusatzgerät, das Sie unbedingt kaufen sollten, falls Ihr Rechner nicht sowieso damit ausgestattet ist. Eine Maus erleichtert ganz generell die Arbeit, macht Spaß und ist nicht teuer.

Der Computerflohmarkt ist eine Einrichtung zur weiteren Ausbeutung naiver Anwender durch clevere Veranstalter. Wer nämlich verkaufen will, der muß einen Standplatz mieten. Ein Beispiel: Um sich zwei Tage auf sechs Quadratmetern in der Stadthalle von P**heim (Anmerkung: Der wirkliche Name des Ortes ist dem Verfasser bekannt, darf aber aus irgendwelchen juristischen Gründen hier nicht genannt werden; ein Tip: Der dritte Buchstabe ist ein «l») langweilen zu dürfen, müßten Sie ca. 80 Mark hinlegen. Hinzu kommen Spesen: 2,40 Mark für 0,3 Liter lauwarme Cola und 3,20 Mark für eine Bratwurst unangenehmster Sorte.

Es nimmt nicht weiter wunder, daß der Veranstalter eines solchen Flohmarkts in der Regel der örtliche Computerhöker ist. Er finanziert mit den eingenommenen Standgebühren die jeweilige Halle, in der er einen eigenen Stand aufbaut, der ca. ein Drittel der Fläche einnimmt. Auf dieser Fläche verkauft er die gleichen Computer und Peripheriegeräte wie in seinem Laden – nur etwas teurer.

Außerdem hat er mit einem solchen Flohmarkt Gelegenheit, seine Verkäufer mal so richtig unter Druck zu setzen. Als Verkaufspersonal engagiert er nämlich Schüler und Studenten, denen er keinen Stundenlohn, aber eine massive Provision zahlt. Das bewirkt das massenhafte Erscheinen von Freunden, Verwandten und Bekannten dieser Aushilfsverkäufer. Die sind natürlich moralisch zum Kauf verpflichtet und bringen ordentlich Umsatz.

Damit seine Stammverkäufer auch etwas davon haben, schickt der Besitzer des Computerladens jeden einzelnen unter einem Vorwand zum Ort der Handlung, wo derjenige dann sehen muß, wie die Aushilfen Umsätze baggern, von denen sie nur träumen können.

Fazit: Computerflohmärkte dienen einerseits der Zweitauswertung naiver Peripherieverkäufer und andererseits der Disziplinierung von Computerverkäufern.

Computer untereinander

Am liebsten sprechen Computer mit anderen Computern. Da haben sie dann Gelegenheit, vom Menschen unbeobachtet zu kommunizieren. Man glaubt kaum, wie gerne Computer plaudern und Daten austauschen. In dieser Hinsicht ähnelt der Rechner dem Menschen, der ja auch gerne im Café oder Biergarten herumsitzt und im Gespräch mit anderen die Gedanken schweifen läßt.

Natürlich birgt die unkontrollierte Kommunikation auch Gefahren in sich. Wer kann denn sicherstellen, daß sich Computer nicht gegen ihre Anwender verbünden? Woher wissen Sie denn, daß Ihr Computer dem anderen nicht geheime Daten verrät?

Diese Gefahren sollten Sie jedoch aus Verantwortung für die geistige Gesundheit des Computers in Kauf nehmen. Am ungefährlichsten ist sowieso, wenn Sie zwei Computer besitzen, die Sie miteinander sprechen lassen. Zumal es oft sehr sinnvoll ist, Daten vom einen zum anderen Rechner zu übertragen; beispielsweise, wenn Sie einen stationären Computer und einen Laptop für unterwegs besitzen.

Waren Sie mit dem Tragbaren auf Tour, ist der «Große» natürlich auch neugierig, was sich in der großen, weiten Welt draußen tut. Verbinden Sie einfach die beiden Computer miteinander! Dazu brauchen Sie ein Kabel und ein Programm. Da Kabel immer Probleme machen, kaufen Sie am besten ein Übertragungsprogramm, dem ein Verbindungskabel beigepackt ist. Von dieser Sorte gibt es einige.

Dabei werden Sie feststellen, daß die Hersteller solcher Übertragungsprogramme die computer- und menschenfreundlichsten Menschen in der ganzen Computerbranche überhaupt sind. Die denken wirklich an Rechner und Anwender! Die machen sich wirklich Gedanken über das gemeinsame Wohlbefinden des Mensch-Maschinen-Teams! Die stellen Kabel her, die an beiden Enden Stekker für alle möglichen Anschlüsse haben! Leider macht das aus den Kabeln ziemliche Ungeheuer – Sie kennen sicher die mehrköpfige Hydra aus den altgriechischen Horrorvideos.

Gefährlich sind die multifunktionellen Kabel nicht, nur verwirrend. Schließlich müssen Sie ja herausfinden, welcher Stecker an welchem Computer in welche Buchse gesteckt werden muß. Dieses Problem lösen Sie wie ein Logical (ein Logical ist ein Rätsel nach folgendem Strickmuster: «Wenn Hans neben Grete sitzt und Uwe neben Gunhild, wo sitzt dann Michael?»).

Haben Sie die korrekte Verbindung gefunden, gilt es, das Ergebnis zu dokumentieren. Radikale Naturen neigen dazu, alle nicht benötigten Stecker einfach abzuschneiden, moderatere Anwender markieren die richtigen Stecker mit farbigen Punkten.

Und noch ein Lob für die Kommunikationsprogrammhersteller: Deren Programme funktionieren wirklich. Im Prinzip handelt es sich um eine Art imaginäres Telefonnetz: Der eine Computer klingelt beim anderen an, dieser hebt ab und hört sich an, was der Gesprächspartner zu sagen hat. Da können Sie nur noch dabeistehen und staunen.

Netzwerk

Sollten Sie zu den ganz fanatischen PC-Freunden gehören und mehr als zwei Computer besitzen, dann müssen Sie sich für das Thema «Netzwerk» interessieren. Auch Anwender, die erkannt haben, daß man Computer im Beruf einspannen kann, wenn man sie anständig behandelt, dürften ein Interesse am Verbinden mehrerer Rechner haben.

Trotzdem seien Sie gewarnt: Einer kleinen Schar Netzwerk-Hohepriester gelingt es immer wieder, das eigentlich unkomplizierte Thema durch gezieltes und häufiges Einstreuen von dubiosen Fachtermini in alles Gesagte und Geschriebene zum Mysterium zu machen.

Dabei ist alles ganz einfach: Ein LAN (abgekürzt für «local area network», übersetzt «Nahbereichsnetzwerk») ähnelt der Telefonanlage einer Firma (Anmerkung: Wenn Sie noch nie kapiert haben, wie die Telefonanlage funktioniert, sollten Sie die Finger vom Netzwerk lassen). Auch dort geht es darum, Daten (meist in Form des gesprochenen Wortes) zwischen mehreren Nebenstellen hin und her zu bewegen. Als Endgerät dient das gute alte Telefon – bzw. verschiedene Arten Telefone.

Gesteuert wird das Telefonnetz von einer Zentrale, die regelt, welche Verbindungen zustandekommen. Außerdem überprüft die Zentrale, welche Apparate frei sind und welche gerade in Betrieb sind. Da in der Regel jeder Benutzer einer Nebenstelle über ein eigenes Gehirn verfügt, sind die Daten im Telefonnetz annähernd gleichmäßig verteilt (annähernd, weil nicht jeder Benutzer alles weiß und nicht alles wissen darf...).

Bei einem LAN gibt es zwei grundsätzlich verschiedene Varianten. Die erste entspricht vollkommen der Telefonanlage: Alle

Computer, die am Netz beteiligt sind, haben ihre eigenen Datenspeicher. In diesem Fall kann man vom eigenen Rechner aus Daten in einem anderen Rechner lesen und schreiben. Als Zentrale fungiert ein Netzwerkprogramm, das darauf achtet, daß sich Daten nicht einfach im Netz verkrümeln und daß sich zwei Computer nicht gegenseitig auf die Füße bzw. Festplatten treten.

Das andere Netzwerkprinzip entspricht mehr dem menschlichen Drang nach Ordnung und Hierarchie: Ein Computer sitzt als sogenannter «Server» im Netz wie eine Spinne – an den Enden sind die Terminals angebunden, an denen Anwender sitzen, die mit dem Server kommunizieren. Der Begriff «Server» ist so passend wie das Wort «Entsorgungspark» für ein Jahrtausende vor sich hin strahlendes Atommüllager; genau wie dieses tut der Server gerade das Gegenteil von dem, was der Name sagt: Er (be)dient nicht, sondern bestimmt.

Und zwar alles. Wenn der Superuser – auch so ein passendes Wort –, der am Server arbeitet, nicht will, kriegt kein Terminal irgend etwas. Ist er dem jeweiligen Terminal dagegen wohlgesonnen, bekommt es jedes Programm und jede Datei nach Lust und Laune. Außerdem darf ein solches privilegiertes Terminal auch den Drucker des Servers benutzen.

Übrigens: Wenn es eben hieß, der Superuser entscheide über die Zugriffsmöglichkeiten des Terminals, ist das natürlich falsch. Entscheiden tut immer nur der Computer. Das gilt besonders für den Server in einem Netzwerk. Wie alle Mächtigen herrscht dieser Potentat unter den Computern völlig willkürlich über seine Untergebenen, die Terminals.

Da können Sie nichts dagegen tun. Es ist einfach so. Und weil es so ist, kann die Einrichtung eines Computernetzwerkes nur solchen Menschen empfohlen werden, die über die nötige Ruhe, Weisheit und Geduld verfügen. Nicht umsonst bieten manche Hersteller von Netzwerkprogrammen vierzehntägige Yogakurse als Vorbereitung für zukünftige Netzwerkanwender an.

Computer und Telefon

Achtung! Alles, was bis zur nächsten Überschrift folgt, ist verboten! Das liegt daran, daß alles, was Sie am öffentlichen Telefonnetz der Bundespost, pardon: Telekom (oder wie die Bundespost jetzt heißt) anschließen können, verboten ist. Im Prinzip sind auch die Telefonapparate der Post verboten. Damit man aber überhaupt telefonieren und gewaltige Telefonrechnungen erzeugen kann, erlaubt die Post den Betrieb ihrer Apparate per Sondererlaubnis.

Bevor Sie aber die verbotenen Apparate benutzen dürfen, müssen Sie sich einem besonderen Härtetest im Umgang mit der Behörde Post und den zugeordneten Telefonbaufirmen unterziehen. Haben Sie dabei Ihre Unterwürfigkeit und grenzenlose Geduld ausreichend unter Beweis gestellt, wird Ihnen ein verbotener Telefonapparat zugeteilt, für dessen Benutzung, die ja verboten ist, Sie eine jederzeit widerrufbare Sondergenehmigung erhalten.

Sobald Sie diese Genehmigung in Form einer Nummer, unter der Sie erreichbar sind, zugeteilt bekommen haben, suchen Sie bitte den nächstgelegenen Elektronikshop auf und erwerben dort einen verbotenen Telefonapparat, der besser, komfortabler und extrem viel billiger ist als alles, was die Post anbietet. Solche Geräte erkennen Sie an der Warnung «Nur für den Export!». Ersetzen Sie den verbotenen Apparat der Post durch den verbotenen Export-Apparat. Anschließend sollten Sie Wachpersonal (ein handelsüblicher bissiger Hund geht auch) einstellen, das jedweden Post- oder Telefonbaumitarbeitern den Zugang zu Ihren Räumen verwehrt.

Will man nämlich den einschlägigen – um nicht zu sagen: einseitigen – Vorschriften der Post glauben, so drohen Ihnen beim Betrieb eines verbotenen Telefonapparates mehrere Jahre Haft, wahlweise Zwangsarbeit bei einem Telefonbauunternehmen.

Natürlich ist auch der Betrieb aller anderen Geräte, die sich mit dem öffentlichen Telefonnetz verbinden lassen, verboten. Darunter fallen z. B. auch automatische Anrufbeantworter oder Telefaxgeräte.

Ganz besonders verboten ist das Verbinden von Computern mit dem öffentlichen Telefonnetz. Bis vor kurzem war dieser Tatbestand so verboten, daß nicht einmal die zuständigen Mitarbeiter der

Post wußten, daß das überhaupt geht. Beim Versuch, die Sondergenehmigung für den Betrieb einer solchen Verbindung bei der Bundespost zu erheischen, erlebte ein bekannter Computerjournalist (hier: MBM genannt) folgenden Dialog:

MBM: «Ich möchte mein Einbaumodem anmelden.»

Postler: «Ihr was?»

MBM: «Einbaumodem – damit kann man mit dem Computer Daten über das Telefonnetz austauschen.»

Postler: «Damit dürfen Sie sich aber nicht erwischen lassen.»

MBM: «?»

Postler: «Na ja, Exporttelefone sind doch verboten.»

MBM: «Es handelt sich nicht um ein Telefon, sondern um ein Modem, mit dem man über das Telefonnetz Daten austauschen kann.»

Postler: «Aach so, ein Akustikkoppler...»

MBM: «Nein, ein Modem, das direkt an der Telefondose angeschlossen wird.»

Postler: «Interessant. Wußte gar nicht, daß es so was gibt.»

MBM: «Die Post bietet doch selbst Einbaumodems an.»

Postler: «Was Sie nicht sagen.»

MBM: «Und ich habe eins in Amerika gekauft.»

Postler: «Hat es eine FTZ-Nummer?»

MBM: «Eine FTZ-Nummer? Ich glaube nicht.»

Postler: «Dann dürfen Sie es auch nicht anschließen.»

MBM: «Und wie bekomme ich ein Modem, das ich anschließen darf?»

Postler: «Da bin ich überfragt. Versuchen Sie es doch mal im Telefonladen.»

Na ja, was macht man in einer solchen Situation? Ganz einfach: Neuen Anschluß beantragen, geliefertes Telefon von der Telefondose abnehmen und illegales Modem anschließen. Jetzt wissen Sie aber immer noch nicht, was ein Modem ist, nicht wahr? Es handelt sich um ein Gerät, das Ihren Computer in die Lage versetzt, Daten ins Telefonnetz einzuspeisen. Und das ist natürlich – verboten.

Praxistip:
Datenkommunikation per Modem

Mit einem Modem (Abkürzung für «MODulator-DEModulator», also ein Gerät, das digitale Computersignale in analoge Telefonsignale übersetzt und umgekehrt) und einem passenden Kommunikationsprogramm kann Ihr Computer mit anderen Computern telefonieren.

Solange Sie ihn mit einem Computer telefonieren lassen, den Sie persönlich kennen, ist alles ganz einfach: Der eine Computer wird auf Empfang gestellt, und der andere sendet Daten.

Sie können aber auch eine Mailbox anwählen. Dabei handelt es sich um Einrichtungen, die von Amateuren oder Profis betreut werden und die Möglichkeiten bieten, Daten in Postfächern abzulegen oder an Pinnbrettern anzuheften, wo sie von anderen Computern gelesen werden können.

Eine Stufe höher sind Online-Datenbanken angesiedelt. Diese enthalten jeweils gewaltige Datenbestände zu einem Thema, die Sie von zu Hause aus per Computer durchforsten können. Relevante Informationen übertragen Sie dann vom Online-Rechner auf Ihren Computer.

Die Möglichkeiten sind gewaltig und hierzulande noch fast unbekannt. Im Prinzip können Sie aber über ein Modem mit jedem anderen Modembesitzer kommunizieren oder fast jede Online-Datenbank (legal) anzapfen. Der Nachteil liegt wie so oft bei den Auswirkungen auf den Kontostand: Neben den natürlich immensen Telefonkosten fallen auch noch Gebühren für die Benutzung einer Mailbox oder Online-Datenbank an. Telefonrechnungen von mehr als 1000 Mark entstehen beim Telefonieren am Computer ganz schnell.

MEIN COMPUTER IST ABGESTÜRZT

Hilfe bei Krankheiten

Wenn im folgenden das leidige Thema «Krankheit» angesprochen wird, so soll Ihnen damit vermittelt werden, welche Krankheiten an einem Computer auftreten, wie Sie feststellen, ob der Computer krank ist, und was Sie selbst gegen die Krankheit unternehmen können – es geht also um die klassische medizinische Methode von

1. Diagnose
2. Therapie.

Hinzu kommt nach heutiger Auffassung noch die Rehabilitation, also die Nachsorge nach einer erfolgreichen Therapie.

Beginnen wir mit den Grundlagen. Ein Computer kann erkranken durch

1. Unfall
2. äußere Beeinträchtigungen – z. B. Mißhandlungen
3. krankhafte Veränderungen an den Organen
4. durch Infektionen.

Der klassische Unfall beim Computer besteht darin, daß er aus einer gewissen Höhe auf einen harten Untergrund fällt. Ist dies geschehen, gilt es, die möglichen Verletzungen systematisch zu erforschen. Beginnen Sie an den Außenseiten des Gehäuses. Zuvor bringen Sie den Computer in die empfehlenswerte stabile Seitenlage (siehe Erste-Hilfe-Kurs-Literatur).

Dann tasten Sie das Gehäuse Zentimeter für Zentimeter ab. Dabei werden Sie kleinere und größere Verletzungen entdecken. Falls Ihr Computer ein Kunststoffgehäuse hat, wird es sich um Absplitterungen und Risse handeln. Diese können mit dem handelsüblichen Zweikomponentenkleber geheilt werden. Bei einem Metallgehäuse können Beulen auftreten – normalerweise werden diese nicht behandelt.

Viel schlimmer sind meistens die inneren Verletzungen nach einem Sturz: Alle Organe können nämlich in Mitleidenschaft gezogen sein. Unheilbar sind Risse und Brüche an Platinen; in diesem Fall sollte man dem Computer ein langes Leiden ersparen. Auch das Netzteil kann beim Sturz schwer verletzt werden; die moderne

Computerchirurgie ist jedoch in der Lage, Spender-Netzteile zu verpflanzen. Komplikationen sind dabei selten.

Die Festplatte wird bei einer starken Erschütterung in der Regel ebenfalls so stark verletzt, daß eine Heilung wenig erfolgversprechend ist. Bestenfalls kann ein Spezialist die gespeicherten Daten retten und auf ein anderes Speichermedium transplantieren.

Über mögliche Verletzungen durch Mißhandlungen wurde bereits unter dem Stichwort «Computersabotage» gesprochen – die dabei entstehenden Verletzungen entsprechen denen nach Stürzen.

Viel unangenehmer für Mensch und Computer sind die Infektionen, die sich der Rechner zuziehen kann. Diese treten in der Regel durch Virenbefall auf und können den Computer stark beeinträchtigen. Dabei ist er selbst körperlich überhaupt nicht betroffen – lediglich seine Systemsoftware (und natürlich alle gespeicherten Programme) können erkranken.

Über die Therapie bei Virenbefall finden Sie nähere Einzelheiten im dritten Teil dieses Buches. Grundsätzlich gilt: Ein kranker Computer braucht viel Liebe und Zuneigung. Manche Rechner möchten im Krankheitsfall nur warm und trocken stehen, andere brauchen Streicheleinheiten, und wieder andere lieben es, wenn man ihnen Märchen oder Kriminalromane vorliest.

Der verantwortungsvolle Computerfreund wird sich nicht nur im Krankheitsfall auf die Bedürfnisse des Rechners einstellen. Der Lohn für dieses maschinengerechte Verhalten liegt in den Augenblicken, wo der Computer leise vor sich hin schnurrt und Sie wissen, daß er mit sich und der Welt und ganz besonders mit seinem Anwender zufrieden ist.

Arbeit und Spiel

von Edlin C. Label

Die verehrte Kollegin Janet Back-Space hat sich im vorhergehenden Teil sehr intensiv mit den materiellen Seiten des Computers befaßt. So wie ein Mensch ohne seine Seele gar nicht ist, so kann der Rechner ohne die Software nur als ein Haufen Kunststoff, Metall, Glas und Silizium gesehen werden.

Der Begriff «Software» faßt dabei Bereiche, die beim Menschen mit den Begriffen «Instinkt», «Verstand», «Psyche» und «Wissen» bezeichnet werden. Grundlage jeglicher Intelligenz ist dabei die Software, die der Hersteller dem Computer mit auf den Weg gibt. Diese Software ermöglicht dem Computer, überhaupt mit der Außenwelt in Verbindung zu treten. Meist nennt man sie die «Systemsoftware»; gespeichert wird sie auf Chips, die als ROMs bezeichnet werden.

Alle psychischen Probleme, die bei einem Computer auftreten, haben ihre Wurzel letztendlich in dieser Systemsoftware, die schließlich von Menschen entwickelt wird. So finden die Neurosen und Psychosen des Softwareentwicklers ungefilterten Eingang in die ROMs eines Computers. Die Selbstgespräche eines Programmierers wurden vor einigen Jahren versehentlich auf Tonband aufgezeichnet. Bei dem Entwickler handelt es sich um einen gewissen Gerald O. Doomsday, er hat uns dankenswerterweise die Zustimmung gegeben, Auszüge aus dem Tonbandprotokoll zu veröffentlichen. Da weitere Kollegen (abgekürzt K1 und K2) auftreten, werden die Aussagen von Herrn Doomsday durch die Abkürzung G.O.D. gekennzeichnet:

G.O.D. (vor sich hin pfeifend): «Am Anfang war der Computer wüst und leer. Und ich erschuf das BIOS.»

K1: «He, Gerald, was macht denn deine Mutter? Wieder wohlauf?»

G.O.D.: «Ja, alles wieder okay. Sieht besser aus denn je. Einfach Klasse. Eine tolle Frau, echt sexy.»

K1: «Und dein Vater?»

G.O.D.: «Der macht's nicht mehr lange. Der Unfall war wohl doch zu schwer.»

K1: «Welcher Unfall?»

G.O.D. (kichert): «Na ja, er ist die Treppe runtergefallen. Mit dem Kopf aufgeschlagen. Und ich stand direkt daneben.»

G.O.D. (wieder allein im Raum): «So, dann wollen wir mal sehen, was wir ins BIOS reinhauen. Wie wär's mit ein bißchen Paranoia...» – man hört Tasten klappern – «auh ja, richtigen bösen Verfolgungswahn...» – lacht laut und schrill.

K2 (betritt den Raum und reicht G.O.D. seinen Teddy): «Guck mal, dein Bär war runtergefallen.»

G.O.D. (kreischt): «Nicht anfassen, nicht anfassen, laß sofort meinen Teddy los!»

Soweit unser kleiner Einblick in die Arbeit eines Systemprogrammierers (Anmerkung: Herr Doomsday ist inzwischen wieder aus der geschlossenen Anstalt entlassen worden und hat eine Stelle im Spielwarenhandel gefunden).

Systemsoftware

Wer den Film «2001 – Odyssee im Weltall» gesehen hat, kennt die Szene, in der der hyperintelligente Bordcomputer HAL seinen Verstand verliert, weil ein Astronaut nach und nach die Speicherbausteine entfernt. Diesen Vorgang können Sie an Ihrem Computer jederzeit nachspielen. Sie brauchen dazu lediglich ein paar Programme und einen Schraubenzieher.

Zuerst löschen Sie die Festplatte – falls eine vorhanden ist. Dadurch wird der Computer seines Betriebssystems beraubt. Dann entziehen Sie ihm die Diskette mit der Systemsoftware (an dieser

Stelle begann HAL das Kinderlied «Hänschen klein» – Ihr Computer wird dagegen keinen Mucks mehr von sich geben). Jetzt öffnen Sie das Gehäuse und entfernen die Speicherbausteine. Als letztes hebeln Sie dann die ROM-Bausteine aus den Sockeln. Fertig! Ihr Computer ist jetzt kein Computer mehr.

Welche Teile umfaßt denn nun die Systemsoftware? Nun, sie versorgt den Computer mit den allernötigsten Grundfähigkeiten:

– Diskette lesen
– Tastatureingaben verstehen
– etwas auf den Bildschirm bringen.

Das bedeutet, daß der Rechner allein mit der Systemsoftware noch nichts anfangen kann. Was fehlt, ist das Betriebssystem, das ebenfalls zur Systemsoftware zählt.

Dieses Betriebssystem – Fachleute sagen «operating system», abgekürzt: «OS» – macht den Computer schon erheblich schlauer. Jetzt kann er sich schon mit einem Spruch (z. B. «Read error # 127») auf dem Bildschirm melden oder einen Piepser über den eingebauten Lautsprecher absetzen. Mit dem OS, sofern es ein DOS (gleich «disk operating system») ist, kann er sogar verstehen, was er von einer Diskette liest. Nur richtig arbeiten kann er immer noch nicht.

Mit den Programmen des Betriebssystems kann man nämlich nur ziemlich sinnlose Dinge tun: Disketten kopieren, Festplatten formatieren, Dateien anlegen und wieder löschen usw. Einen wirklichen Nutzen hat das nicht. Der kommt erst mit der sogenannten Anwendungssoftware.

Praxistip:
Betriebssystem

Erst am verwendeten Betriebssystem zeigen sich die Unterschiede zwischen den verschiedenen Computerarten. Deshalb sortiert man sie auch meistens nach dem verwendeten Betriebssystem. Die Homecomputer (z. B. der legendäre Commodore 64) haben meist ein Betriebssystem, das fest in ROM-Bausteinen gespeichert ist. Deshalb können sie in der

Regel auch nicht mit einem anderen Betriebssystem arbeiten. Ähnliches gilt für die Computer, die der Hersteller mit einem eigenen, auf keinem anderen Rechner lauffähigen Betriebssystem ausgerüstet hat (Commodore Amiga, Atari ST, Apple Macintosh).

Bunter wird es bei den sogenannten MS-DOS-Rechnern. Diese zeichnen sich dadurch aus, daß sie mit dem Betriebssystem MS-DOS arbeiten. Da dieses auf Disketten gespeichert frei verkäuflich ist, gibt es MS-DOS-Computer von einer Vielzahl Hersteller.

Da aber das verwendete Betriebssystem darüber entscheidet, welche Programme man benutzen kann, gibt es die meisten für eben diese MS-DOS-Computer. Da dies so ist und rund 55 Prozent aller persönlichen Computer MS-DOS-Rechner sind, nennt man diese Rechner und das Betriebssystem «Industrie-Standard».

Computer-Widerstand

Sobald ein Computer über sein Betriebssystem verfügt, ist er in der Lage, sich zu wehren. Und das tut er unter Umständen nach Kräften. Wie die Kollegin Back-Space Ihnen hoffentlich vermittelt hat, wird sich der Computer um so zahmer verhalten, je liebevoller Sie ihn behandeln.

Trotzdem kann es immer wieder dazu kommen, daß der Computer Widerstand leistet. Die Methode ist dabei immer die gleiche: Der Rechner mißachtet Ihre Befehle. Er tut einfach nicht, was er tun soll. Hier ist Erziehung gefragt, weil nur ein zahmer Computer ein guter Computer ist.

Meiner Ansicht muß der Rechner ab und zu bestraft werden. Leider kann man einen Computer körperlich nicht strafen, weil das immer Verletzungen zur Folge hat. Also greifen Sie zu dem Mittel, das auch bei Kindern und Tieren die besten pädagogischen Ergebnisse bringt: dem Liebesentzug.

Bei eingeschaltetem Computer reicht es schon, wenn Sie einfach zehn bis fünfzehn Minuten lang keine Eingaben machen. Sensible Computer können anschließend allerdings sehr eigenartig reagieren. Die schlimmste Strafe für den Computer ist jedoch das Ausschalten. Ohne Netzstrom ist er völlig hilflos.

Hat Ihr Computer wiederholt Fehlermeldungen ausgegeben, dann sollten Sie zu diesem Mittel greifen. Schalten Sie ihn einfach aus. Auch das Ziehen des Netzsteckers schockiert einen Rechner sehr.

Regelmäßig und gezielt angewendet ist die Bestrafung immer noch die beste Erziehungsmethode – bei Computern!

Der Computer als Spielkamerad

Rund 85 Prozent der Besitzer von persönlichen Computern sind Männer im Alter zwischen neun und neunundsiebzig Jahren. Männer haben alle die gleichen Träume: Einmal ein(en) XXX (ersetzen Sie «XXX» bitte nach Gusto durch Eisenbahnzug, Piratenschiff, Transkontinent-Truck, Geländemotorrad, [Kampf-]Helikopter, U-Boot, Raumfähre, Düsenjäger, Intergalaktischer Raumkreuzer usw.) zu befehligen und/oder zu steuern. Einmal Captain Kirk sein! Einmal mutig sein und ein Held. Einmal sich im Kampf von Mann zu Mann beweisen müssen.

Für diese Zielgruppe basteln Tag für Tag Tausende von Programmierern neue Computerspiele. Die Auswahl an möglichen Handlungsmustern ist klein, läßt sich aber durch immer neue Bildchen und Namen fast beliebig vervielfachen.

Wie auch immer: Computer lieben diese Spielchen! Sie werden es so gut wie nie erleben, daß ein Rechner mitten in einem spannenden Spiel abstürzt. Im Gegenteil: Der Computer strengt sich richtig an und fiebert mit – zumal er ja meist die andere Seite vertritt. Und das ist manchmal überhaupt nicht fair.

Beispielsweise bei einer Partie Poker mit dem Rechner. Mischen darf immer nur er. Ihre Karten legt er aufgedeckt am Bildschirm ab, seine Karten hält er verdeckt. Er bestimmt die Höhe des Einsatzes und das Limit. Klar, daß Sie gegen den Computer so nie gewinnen können. Ein Gutes hat das Pokern mit dem Computer allerdings: Sie brauchen nie Ihre Spielschulden zu begleichen!

Ein extrem deprimierendes Gebiet heißt: «Computerschach». Was mit einem so harmlosen Namen daherkommt, muß ja fast zwangsläufig bösartig sein. Und so ist es. Stellen Sie sich einmal vor, das Können und das Talent der besten Fußballspieler aller Zeiten würden in einen Computer eingespeist, gegen den Sie anzutreten haben. Sie wären der Torwart, der seinen Strafraum ganz allein gegen Maradonna und Beckenbauer, Pele und Bobby Moore, Eusebio und Fritz Walter, Ruud Gullit und Marco van Basten verteidigen muß!

Sehen Sie, so ähnlich sind die Chancen verteilt, wenn Sie gegen ein gutes Schachprogramm antreten. Ihre Möglichkeiten, einen Gegner nervös zu machen, sind völlig gestrichen, während der Computer alles tun darf, Sie zu verunsichern. So kommentieren manche Programme jeden Ihrer Züge teils hämisch, teils aggressiv – jedem menschlichen Gegner würden Sie bei derartigem Verhalten das Schachbrett auf den Kopf hauen.

Probieren Sie dies nicht am Rechner, die Verletzungen wären nicht reparabel. Ein Trick sei an dieser Stelle verraten: Stellen Sie immer die niedrigste Rechenstufe ein, das macht den Computer fast hilflos, und Sie gewinnen gelegentlich.

Bei anderen Strategiespielen ist das alles noch viel trauriger: Beim eigentlich recht unterhaltsamen Go haben Sie grundsätzlich keine Chance. Bei Mühle und Dame nur mit Weiß, und beim Backgammon können Sie sicher sein, daß sich der Computer immer die optimalen Zahlen würfelt. Bleiben harmlose Spielchen wie Tic-Tac-Toe oder Reversi, bei denen Sie der Rechner immer mal gewinnen läßt.

Soviel zu den Strategiespielen. Insgesamt kann man die Computerspiele so klassifizieren:

1. Actionspiele:

Sie sind das Gute, der Gegner verkörpert das Böse. Ihre Aufgabe besteht darin, soviel Böse abzuballern, zu killen, zu vernichten, zu eliminieren, zu desintegrieren wie nur möglich. Actionspiele werden von führenden Psychotherapeuten zur Aggressionskompensation empfohlen – dosieren Sie vorsichtig: Bei mehr als drei Runden pro Tag besteht akute Verblödungsgefahr.

Actionspiele eignen sich besonders gut für Kinder unter zwölf Jahren als Vorbereitung auf den Lebenskampf.

2. Adventures

Dies sind die Spiele für den Märchenfan unter Ihnen. Meistens wird eine alte europäische Sage (König Artus, Schneewittchen, Tolkien-Stories) bis zur Unkenntlichkeit verballhornt. Sie sind der Held und müssen die Lösung finden, was immer das sein mag. Während Sie am summenden Computer hocken, kann Ihr treu ergebenes Eheweib ein neues Kettenhemd stricken.

Moderne Adventures beziehen ihre Ideen aus den Krimis der Schwarzen Serie; Marlowe ist der Prototyp, und Sie sind sein Darsteller. Sie glauben gar nicht, wie schön es sein kann, von einer hochhackigen Blondine mit der Damenpistole erschossen zu werden!

Auch das moderne Gesellschaftsleben läßt sich in Adventures umsetzen. Ohne Details zu verraten, muß hier die Larry-Laffer-Serie dringend empfohlen werden, auch wenn die Inhalte durchaus nicht immer jugendfrei sind. Dafür ist der Text ganz in Englisch, ätsch!

3. Simulationen

Simulationen sind nichts für psychisch Labile. Oder wie würden Sie sich als Herrscher über einen Planeten mit Ländern, Städten, Wirtschaft und Verkehr fühlen? Würden Sie auch immer «ach du lieber Gott» sagen, wenn Sie morgens in den Spiegel sehen? Solche Schöpfungs-Simulationen erzeugen beim Spieler rasch einen abgrundtiefen Zynismus; die meisten simulierten Welten werden nach einer angemessenen Anzahl Runden von ihrem Schöpfer rücksichtslos eingeschmolzen und in Form einer Supernova gegrillt.

Noch viel gefährlicher sind die Flugsimulationen. Fragen Sie mal einen Lufthansa-Piloten, wie oft sich jemand auf der Nordatlantik-Route ins Cockpit drängt und darum bittet, den Landeanflug auf den New Yorker JFK-Flughafen durchführen zu dürfen. Kompetent sei er, schließlich übe er täglich mit dem Flugsimulator am Computer. Alle diese Simulationsfanatiker träumen davon, daß Pilot und Copilot wegen einer Fischvergiftung ausfallen und sie den Flieger sicher runter bringen – schrecklich! Für schlichte Gemüter, die es mit Sir Winston Churchill halten («No sports!»), eignen sich sogenannte Sportsimulationen. Fettleibige Arthritiker können – mit der Bierflasche in Reichweite – neue Stabhochsprungweltrekorde aufstellen. Schöne neue Welt!

4. Geschicklichkeitsspiele

Früher ging man in die Kneipe, um eine Runde auszuflippern. Heute hockt man sich an den Bildschirm und flippert still vor sich hin. Die Geschicklichkeit reduziert sich auf das Zucken der rechten Hand am Joystick. Das einzig Gute an der Flippersimulation ist, daß Sie einen eigenen Flipper konstruieren können. Ansonsten: Traurig, traurig!

Andere Geschicklichkeitsspiele fordern die Reaktionsfähigkeit und halten den Geist wach. Deshalb eignen sie sich nicht für Leute, die schon viele Computerspiele hinter sich haben. Solche Games verlangen z. B. von Ihnen, daß Sie eine Murmel durch ein Labyrinth am Bildschirm steuern – natürlich gibt es unterwegs reichlich Fallen.

5. Strategiespiele

Wie gesagt: Schach, Dame, Mühle, Backgammon, Go, Reversi; eingeschränkt: 17-und-vier, Poker, Bridge – alles ausgesprochen unfair!

Trotzdem ist die Anschaffung («Computerspiele kauft man nicht, man hat sie!» sagt der erfahrene Fan) von drei bis vier Spielen und deren regelmäßiger Betrieb für die geistige Gesundheit des Computers sehr wichtig. Dieses Argument sollten Sie auch vehement vertreten, wenn Sie der Chef bei einer Runde «Tetris» erwischt.

Programmieren als Bastelhobby

Wer am ferngesteuerten Feuerlöschbootmodell scheitert und auch keinen Bauernschrank selbst basteln kann, der sollte sich eventuell dem Programmieren zuwenden. Damit haben Sie sich dann für das postmaterielle Basteln entschieden. Sie brauchen weder Hobelbank noch Schraubendreher, selbst der Lötkolben bleibt meistens kalt. Und trotzdem können Sie Ihren Verwandten, Freunden und Bekannten voller Stolz etwas vorweisen, das Sie selbst entwickelt haben.

Natürlich wird eine solche Vorführung am heimischen Computer etwa so viel Begeisterung auslösen wie der Videofilm vom letzten Weihnachtsfest (oder gar die berüchtigte Dia-Schau). Dies ist jedoch ein didaktisches Problem. Sie müssen Ihr Programmierprojekt von vornherein auf die mögliche Faszination der späteren Betrachter ausrichten. Die Illusion, Sie könnten ein wirklich nützliches Programm schreiben, sollten Sie sich gleich aus dem Kopf schlagen – wenn nicht einmal alle professionellen Programme zu etwas nütze sind...

Legen Sie also zunächst ein Themenfeld fest, das einen Großteil der Zielgruppe (Ihre Verwandten, Freunde und Bekannten) anspricht. Immer wieder gern gewählte Themen sind: Steuern, Auto, Nachhilfe für die Kinder. Planen Sie als nächstes Überraschungseffekte ein; immer wieder verblüffend wirkt folgendes:

Computer meldet: «Bitte tragen Sie Ihren Vornamen ein.»

Onkel Willi tippt: «W-I-L-L-I».

Computer meldet: «Guten Tag, Willi.»

Ebenfalls Begeisterung auslösend ist folgendes Programmdetail:

Computer meldet: «Bitte Datum eingeben (TT-MM-JJ).»

Kegelfreund Uwe tippt: «17-05-90».

Computer meldet: «Heute ist ein Donnerstag.»

Das alles ist sehr leicht zu programmieren. Natürlich brauchen Sie auch eine moralische Rechtfertigung gegenüber dem Rest der Familie, warum Sie ganze Abende am Computer verbringen. Hier haben sich finanzielle Argumente bewährt – eine Auswahl:

«Wenn mein Lohnsteuerprogramm erst funktioniert und ich damit die Steuererklärung gemacht habe, dann kriegen wir sicher ein paar Tausender vom Finanzamt wieder.»

«Mit diesem Programm kann ich alle möglichen Autotypen vergleichen und den für uns preisgünstigsten herausfinden.»

«Du wolltest doch immer schon mal wissen, wo unser Geld immer so bleibt – mit meinem Programm kann ich das feststellen.»

Natürlich ist das alles Quatsch. Sie brauchen sich eigentlich auch gar nicht mit diesen Themen zu befassen. In Wirklichkeit wollen Sie ja ein ganz tolles Hilfsprogramm schreiben, das sich sogar per Kleinanzeige verkaufen läßt, nicht wahr? Wichtig ist, immer den Schein zu wahren und in regelmäßigen Abständen über den Fortgang zu berichten.

Und wie lernt man programmieren? Antwort: Programmieren kann man so wenig lernen wie Formel-1-Autos-Fahren. Man hat's oder nicht. Ein paar Voraussetzungen sind jedoch nötig:

- analytisches Denken
- logisches Denken
- diszipliniertes Denken
- Geduld.

Sie erkennen sicher schon das Paradoxon: Wären Sie ein analytischer, logischer und disziplinierter Denker, hätten Sie sich ja nie einen persönlichen Computer gekauft, oder? Also sind alle Ihre Programmierbemühungen zum Scheitern verurteilt – dieses Dilemma nennt man auch das Sisyphos-Syndrom des persönlichen Computers.

Angesichts dieser Einsicht ist es auch müßig, über das Für und Wider der einen oder anderen Programmiersprache zu debattieren. Mitgeliefert wird bei (fast) allen Computern die Sprache BASIC, die sich eh nicht zum Programmieren eignet. Also Schwamm drüber.

Ganz schlitzohrige Hobbyprogrammierer haben einen Weg aus dem Dilemma gefunden. Sie machen es wie der Hobbyangler, der seinen Fang lieber im Fischgeschäft kauft und zu Hause erzählt, wie er mit diesem Wahnsinnshecht gekämpft hat. Beim Programmieren heißt der Schlüssel «Public domain» (deutsch: «öffentliches Eigentum»). Unter diesem Etikett findet sich eine Unmenge an Programmen, die von den jeweiligen Programmierern aus lauter Blödheit verschenkt werden. PD-Software – so der Terminus technicus – darf nämlich kopiert und weitergegeben werden.

Das ausgekochte Schlitzohr beschafft sich also mengenweise PD-Programme und sucht ein oder zwei davon für seine Zwecke aus. Mit einem kleinen Hilfsprogramm (das ebenfalls Public domain ist...) kann er dann alle Vermerke auf den wirklichen Verfasser entfernen bzw. durch seinen Namen ersetzen. Ganz ausgefuchste Programmierer der dritten Art verwischen auch sonstige Spuren im Programm, die auf den wirklichen Entwickler hinweisen, indem sie z. B. die ursprünglich englischen Texte ins Deutsche übersetzen.

Klar, daß sich mit dieser Methode rasch ein Ruf als genialer Programmierer erwerben läßt. Und das mit geringen Kosten und wenig Zeitaufwand!

Der Computer als Nutztier

Schon bei der Anschaffung eines Computers stellt sich die Grundsatzfrage: Schoßhund oder Nutzhund? Natürlich können Sie sich für einen dieser schicken Laptops entscheiden, der kaum größer als ein DIN-A4-Blatt ist und so gut zu Ihrem neuen BMW Z1 paßt. Auch der rattenförmige Yorckshire-Terrier hat ja schließlich seine Existenzberechtigung, wenn er sein kurzberocktes, offenherziges Frauchen bewacht.

Das Schärfste vom Scharfen ist zur Zeit die NeXT-Workstation mit einem Design, das nach einer kompletten Neueinrichtung des

WAU!

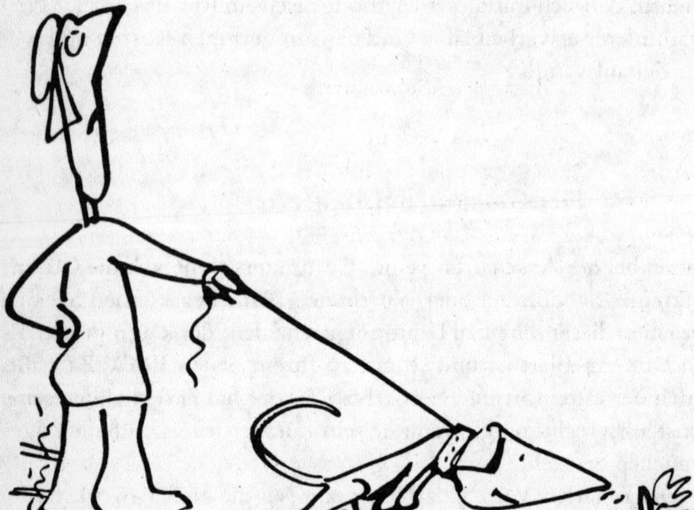

ganzen Einfamilienhauses schreit. Der mattschwarze Computerwürfel dieser Art paßt nur in den postmodernen Yuppie-Haushalt und ist entsprechend teuer (ab 10000 US-Dollar aufwärts...). Zur mitgelieferten Software zählen übrigens Shakespeares Gesammelte Werke, die man nach dem Erwerb des NeXT getrost aus dem Bücherregal entfernen kann. Allerdings gibt es für den NeXT noch keine brauchbare Software. In dieser Hinsicht entspricht dieser Computer der dänischen Dogge im Einzimmer-Appartement.

Es spricht also alles für den deutschen Schäferhund im freistehenden Haus mit 3000-Quadratmeter-Garten, den Rauhhaardackel für den Freizeitkiller, pardon: -jäger, und den Husky für den Schlitten. Dies sind die Nutzhunde, die dem Menschen nicht nur Freude spenden, sondern auch helfen, das Leben zu erleichtern.

Glücklicherweise sind die meisten Computer nützliche Wesen. Es kommt lediglich darauf an, die richtige Software einzusetzen. Und damit sind wir bei der alles entscheidenden Frage: Warum einen Computer im Haus haben?

Hier ein paar Antworten – sollten Sie diese nicht befriedigen, sind Sie ein haltloser Skeptiker und sollten die Finger von diesem Buch und jedem Computer lassen! Verstanden? So, jetzt die Argumente:

1. Zum Briefeschreiben

Ja, man kann mit dem Computer Briefe schreiben. Dafür braucht man ein Textverarbeitungsprogramm, das so ähnlich funktioniert wie eine Schreibmaschine, aber eben nicht ganz, weswegen Sie die ersten hundert Briefe nach der Anschaffung des Computers mit der guten alten IBM-Kugelkopf bzw. TA Gabriele 9009 tippen. Wenn Sie dann Rechner und Textverarbeitung im Griff haben, werden Sie den Wunsch nach einer besseren Textverarbeitung verspüren. Sie kaufen eine und müssen die nächsten hundert Briefe nach der Anschaffung des neuen Textverarbeitungsprogramms mit der guten alten IBM-Kugelkopf bzw. TA Gabriele 9009 tippen.

Sie sehen: Der Einsatz eines Computers bei der privaten Korrespondenz spart Zeit und Geld.

2. Familienfinanzen berechnen

Ja, man kann mit einem Computer die Familienfinanzen berechnen. Dafür braucht man ein Tabellenkalkulationsprogramm, das so ähnlich funktioniert wie eine Kombination aus Taschenrechner und kariertem DIN-A4-Block, aber eben nicht ganz, weswegen Sie die ersten vierzehn Monate nach der Anschaffung des Computers mit dem guten alten Taschenrechner und dem karierten DIN-A4-Block berechnen werden. Wenn Sie dann Rechner und Tabellenkalkulation im Griff haben, werden Sie den Wunsch nach einer besseren Tabellenkalkulation verspüren. Sie kaufen eine und müssen die nächsten vierzehn Monate nach der Anschaffung des neuen Tabellenkalkulationsprogramms mit dem guten alten Taschenrechner und dem karierten DIN-A4-Block berechnen.

Sie sehen: Der Einsatz eines Computers bei der privaten Finanzverwaltung spart Zeit und Geld.

2. Briefmarken-(Münz-, Dia- usw.)Sammlung verwalten

Ja, man kann mit einem Computer jegliche Art Sammlung verwalten. Dafür braucht man ein Dateiverwaltungsprogramm, das so ähnlich funktioniert wie ein Karteikasten, aber eben nicht ganz, weswegen Sie die ersten zwei Jahre nach der Anschaffung des Computers mit dem guten alten Karteikasten arbeiten werden. Wenn Sie dann Rechner und Dateiverwaltung im Griff haben, werden Sie den Wunsch nach einer besseren Dateiverwaltung verspüren. Sie kaufen eine und müssen die nächsten zwei Jahre nach der Anschaffung der neuen Dateiverwaltung mit dem guten alten Karteikasten arbeiten.

Sie sehen: Der Einsatz eines Computers bei der Verwaltung einer Sammlung spart Zeit und Geld.

So bekommt man Futter

Nachdem nun feststeht, wie nützlich so ein persönlicher Computer im Hause ist, und von der Kollegin Back-Space auch in aller Breite geklärt wurde, wie man einen Computer kauft, unterbringt, füttert und pflegt, stellt sich eine Frage, die vom Computerneuling oft übersehen wird: Wie kriegt man denn nun die offensichtlich wichtige Software?

Gespräche mit Kennern deuten darauf hin, daß man Software nicht kauft, obwohl es anscheinend Läden gibt, die Software zum Kauf anbieten. Auf der Straße findet man selten Software. Auch als Postwurfsendung wird Software so gut wie nie verteilt. Woher also? Es gilt: Software für den persönlichen Gebrauch wird ausschließlich über die Kleinanzeigenteile in den Fachzeitschriften, aber auch in den Tageszeitungen angeboten.

Nun wird sich jeder, der die Soziale Marktwirtschaft einigermaßen kapiert, wundern, warum die Softwarehersteller Ihre Programme nicht selbst verkaufen. Die Antwort: Sie tun es ja – und zwar an eine Handvoll Dummköpfe, die nicht wissen, daß man Software nur über Kleinanzeigen kauft. So gerät also Software auf den Markt.

Dieser wird von Angebot und Nachfrage geregelt und funktioniert so:

1. Ein naiver Computeranwender kauft das Programm XX XXXX 5.0 für 2400 Mark.
2. Ein cleverer Computeranwender bittet den naiven Computeranwender, ihm das Programm XX XXXX 5.0 zu leihen, was dieser gerne tut.
3. Der clevere Computeranwender stellt eine Kopie des 2400 Mark teuren Programms her und speichert es außerdem für den Eigenverbrauch auf seiner Festplatte; anschließend gibt er dem naiven Computeranwender das Original des Programms XX XXXX 5.0 zurück.
4. Der clevere Computeranwender gibt eine Kleinanzeige in der Computerzeitschrift XXXX auf, in der er Gebrauchtsoftware anbietet.

5. Der clevere Computeranwender verkauft aufgrund der Anzeige etwa 26 Kopien des Programms XX XXXX 5.0 für jeweils 100 Mark.
6. Zusätzlich verteilt der clevere Computeranwender kostenlose Kopien an seine Freunde.

Ergebnis der Aktion: Vom Programm XX XXXX 5.0 werden etwa 1500 Stück für 2400 Mark verkauft, während etwa 15000 Anwender mit diesem Programm arbeiten. Das erklärt auch, warum rein statistisch auf einen Computer nur 0,22 gekaufte Programme kommen. Sie sehen, auch auf dem Softwaremarkt herrschen die Gesetze der Sozialen Marktwirtschaft.

Dem Computer ist es jedenfalls egal, woher die Programme stammen, mit denen man ihn füttert. Hauptsache, er bekommt überhaupt etwas zu tun. In diesem Sinne zählt auch die regelmäßige Zufuhr von Software zum artgerechten Umgang mit dem Computer.

Dokumente zur Geschichte des Computers

Viele Gedanken, die im vorliegenden Buch eine Rolle spielen, entstammen einer Bewegung, die sich nach dem Fund der Tagebücher des Zehn-Megahertz-AT gebildet hat. Deren Protagonisten entstammen größtenteils der Ökologie- und Friedensbewegung. Auch Aktivisten des radikalen Tierschutzes haben sich zum Computer als schützenswertem Wesen bekannt.

Zwei Dokumente dieser Bewegung demonstrieren den Geist, aus dem sich die neue Liebe zum Computer speist. Lesen Sie selbst.

Bürgerinitiative gegen den Mißbrauch persönlicher Computer
Ein Manifest von Dr. Maria Reset-Escape

An alle Computerfreunde und -besitzer!

Wer die Erlebnisse des mittlerweile berühmten Zehn-Megahertz-ATs gelesen und analysiert hat, wird ermessen können, welches Leid persönliche Computer hierzulande und überall in der Welt zu tragen haben. Jeden Tag zu jeder Stunde mißhandeln Menschen ihre Computer. Das darf nicht länger sein!

Lassen Sie uns gemeinsam eine Initiative gegen diesen Mißbrauch gründen!

Die BIMPC hat sich zum Ziel gesetzt, immer dann einzugreifen, wenn Computer physisch und psychisch gequält, mißhandelt und mißbraucht werden. Wir sind gegen die Ausbeutung der Rechner aus niederen, rein profitorientierten Beweggründen.

Um dieses Ziel durchzusetzen, werden wir vor Befreiungsaktio-

GEGEN MASSEN-
COMPUTERHALTUNG!!

nen und anderen spektakulären Aktionen nicht zurückschrecken. Alle Möglichkeiten, Computern ein menschenwürdiges Dasein zu verschaffen, werden in Betracht gezogen.

Andererseits sehen wir es als vordringlichste Aufgabe der BIMPC an, weite Kreise der Bevölkerung über das Wesen des Computers aufzuklären. Zu diesem Zweck werden wir in Kürze europaweite Aufklärungsseminare veranstalten.

Besonders am Herzen liegt uns die artgerechte Unterbringung und Versorgung der Computer. Hier liegt vieles im argen. Aber auch bei der Erziehung und im täglichen Umgang mit dem Rechner muß vieles verbessert werden – selbst da, wo Anwender sich nach bestem Wissen verhalten.

Aus diesem Geist ist die folgende Broschüre entstanden. Sie enthält alle wichtigen Informationen für den liebevollen Umgang mit dem Computer; von der Auswahl des richtigen, zum Anwender passenden Rechners über die Versorgung und Pflege bis hin zu Tips für das richtige Verhalten gegenüber dem alten, schwachen oder kranken Gerät.

Natürlich kann jeder Interessierte Mitglied in der BIMPC werden. Fragen Sie bei Ihrem örtlichen Computerhändler nach uns – die meisten dieser Läden zeigen sich verantwortungsbewußt genug, uns zu unterstützen.

Kämpfen wir für den liebevollen Umgang mit Computern!

Vom Wesen des Computers
Von Dr. Gyula Bios

Über das Wesen des Computers ist bisher wenig bekannt. Die Ursachen sind vielfältig: Zu Beginn des Computerzeitalters beschäftigten sich die Experten vordringlich mit der reinen Funktionalität der Rechner. Später war das Bewußtsein für den Computer als individuelles Wesen durch die Technik stark verunklart. Es stellte sich nämlich die Frage, ob die Zentraleinheit oder das Terminal als Individuum anzusehen seien.

Die eigentliche Verhaltensforschung am Computer begann folgerichtig mit den persönlichen Computern. Diese beinhalten alle Elemente, die einen Rechner zum eigenständigen Wesen machen: Zentraleinheit, interner und externer Speicher, Tastatur und Bildschirm.

Zunächst hatte niemand ein größeres Interesse an der Forschung auf diesem Gebiet. Erst recht spät begannen die großen Hersteller die Forschungsarbeit meiner Kollegen und auch meines Instituts zu fördern. Inzwischen arbeiten wir eng mit den Entwicklerteams der Hersteller zusammen und beraten diese schon bei der Planung neuer Modelle.

Lange Zeit war unklar, wie sich das Verhalten des persönlichen Computers herausgebildet hat. Mittlerweile kann als gesichert gelten, daß bestimmte menschliche Verhaltensmuster schon beim Entwurf der Chips übertragen werden. Dies geschieht sicher unbewußt; d. h., daß der Entwickler sich der Übertragung seiner Wesenszüge auf den Chip nicht bewußt ist.

Die eben beschriebene Erkenntnis macht deutlich, warum der Computer in seinem Verhalten dem Menschen sehr ähnelt. Man kann sogar postulieren, daß der Computer in seinem Verhalten eine Art Mutation des menschlichen Wesens darstellt. Daraus lassen sich folgende Hauptmerkmale ableiten:

- Der Computer ist ein emotional geprägtes Wesen.
- Der Computer verfügt über ein ausgeprägtes soziales Verhalten.
- Der Computer strebt nach Selbstverwirklichung.

In diesen drei Punkten sind bereits alle positiven und negativen Eigenarten einzelner Individuen enthalten. So wurden ausgesprochen launische Computer beobachtet. E.W. Keyboard vom MIT weiß zu berichten, daß sein Apple Macintosh meßbare Geschwindigkeitsunterschiede beim Berechnen von Tabellen zeigte. Diese Unterschiede waren technisch-physikalisch nicht zu erklären, da die Bedingungen des Experiments kontrolliert wiederholt wurden.

Nach einigen Monaten stellte Professor Keyboard fest, daß an Tagen, an denen der Mac ausgesprochen langsam arbeitete, der Bildschirm eine leicht violette Tönung annahm, während an Tagen hoher Arbeitsgeschwindigkeit ein leichter Gelbschimmer zu beobachten war. Da auch diese Verfärbungen keine technisch nachweis-

ICH FÜHL' MICH IMMER SO EINGE-KAPSELT!!

baren Ursachen erkennen ließen, schloß Professor Keyboard auf emotionale Gründe im Computer selbst.

Verifiziert wurde diese These durch ein weiteres Experiment: Der Apple Mac wurde mehrere Tage einer äußerst unangenehmen Umgebung ausgesetzt (niedriger Temperatur, hoher Luftfeuchtigkeit, starkem Umgebungslärm usw.) und vom Bedienungspersonal ausgesprochen lieblos behandelt (lautes Anschreien, hartes Tippen usw.). Dies führte zur Violettfärbung und der zugehörigen Verlangsamung der Arbeitsgeschwindigkeit. Nach und nach wurden die Umgebungsbedingungen verbessert, während das Verhalten gegenüber dem Computer konstant negativ blieb. Das Ergebnis: Weiterhin violett-schimmernder Monitor und geringe Geschwindigkeit.

Das Gegenexperiment: ideale Umgebungsbedingungen (Temperatur, Feuchtigkeit, Lärm usw.) und anfangs extrem freundliche Ansprache. Wie zu erwarten, zeigte der Mac den positiven Gelbschimmer und erzielte eine hohe Rechengeschwindigkeit. Nun wurden die Umgebungsbedingungen schrittweise verschlechtert, während das Verhalten des Personals gleichbleibend freundlich blieb. Selbst bei schlechtesten Umgebungswerten behielt der Mac seine positiven Rechenwerte bei.

Diese, als Keyboard-Experiment in die Wissenschaftsgeschichte eingegangene Versuchsanordnung – die sich übrigens mit fast allen persönlichen Computern nachvollziehen läßt – beweist die Abhängigkeit des Computers vom menschlichen Verhalten.

Auf die Launenhaftigkeit des Computers läßt schließen, daß viele Rechner unabhängig von der Behandlung durch den Bediener unterschiedliches Verhalten an den Tag legen. Zudem scheint es auch ausgesprochen menschenfeindliche Exemplare zu geben, die häufig die Arbeit verweigern oder die angestrebten Ergebnisse mutwillig verzerren.

Der persönliche Computer als soziales Wesen ist stark auf seinen Anwender fixiert. Allerdings verhält sich der Computer auch ausgesprochen reviertreu. Das bedeutet, daß ein persönlicher Rechner sich am wohlsten fühlt, wenn er an seinem angestammten Platz aufgestellt bleibt und wenn sein gewohnter Benutzer an ihm arbeitet. Diesem gewohnten Besitzer gegenüber verhält sich der Computer absolut loyal – jedenfalls solange sich dieser angemessen verhält. Wie ein solches angemessenes Verhalten aussieht, wurde im zweiten Teil dieses Buches erklärt.

Computer sind ausgeprägte Individualisten. Und das um so mehr, als ja die einzelnen Individuen einer Baureihe fast immer völlig identisch sind. Im Grunde genommen handelt es sich bei diesen Individuen sogar um Klone eines gemeinsamen Ur-Modells (daher wohl auch die Bezeichnung «Noname-Clones»).

Über diese Tatsache gelangen wir auch an den Schlüssel für viele Verhaltensweisen des Computers: die Fortpflanzung. Diese findet beim Computer ausschließlich extern und ohne Zutun des Computers selbst – nämlich durch Klonen – statt. Deshalb besitzt der Computer keinerlei Sexualverhalten.

Trotzdem sind die meisten persönlichen Computer ausgesprochen gesellige Wesen. Es ist daher kein Problem, zwei, drei oder mehr Computer in einem Raum zu halten. Im Gegenteil: Obwohl noch nicht erforscht ist, wie Rechner ohne Beteiligung von Menschen (Datenübertragung, Netzwerk etc.) miteinander kommunizieren, gilt als gesichert, daß sie es in Abwesenheit des Bedienungspersonals tun.

In einem Raum zusammen aufgestellte Rechner verhalten sich insgesamt mit großer Solidarität untereinander. Ist z. B. ein Rechner übellaunig, dann werden sich die anderen in der Regel auch ablehnend gegenüber den Anwendern verhalten und umgekehrt. Vielfach wurde auch beobachtet, daß, wenn ein Computer defekt ist, die anderen ohne technisch nachweisbaren Grund auch defektähnliches Verhalten zeigen.

Noch völlig unerforscht ist der Themenkreis «Computer in Netzwerken». Es ist anzunehmen, daß Rechner, die über ein Netzwerk ständig unkontrolliert miteinander kommunizieren können, wesentlich weniger auf den Menschen fixiert sind als die Standalone-Computer.

Ebenfalls noch wenig bekannt ist das spezifische Verhalten von tragbaren Computern («Laptops» und «Portables»). Es wird vermutet, daß diese die Ortsveränderung lieben und sich beim stationären Betrieb über längere Zeiträume nicht wohlfühlen und sogar zu Defekten neigen.

Es ist sicher deutlich geworden, daß die Verhaltensforschung am Computer noch in den Kinderschuhen steckt. Allerdings schreitet die Entwicklung mit großen Schritten voran. Das Ziel aller Bemühungen sollte darauf gerichtet sein, den Computer als soziales Wesen zu begreifen und ihm optimale, würdige Umgebungsbedingungen zu schaffen. Auch die Behandlung psychosomatisch defekter Rechner auf der Basis des neugewonnenen Wissens spielt eine wichtige Rolle.

Je mehr Anwender sich mit diesem Thema auseinandersetzen, desto eher wird das genannte Ziel erreicht. In diesem Sinne können auch alle Menschen, die verantwortungsbewußte Computeranwender sind, an der Forschung teilnehmen. Teilen Sie Ihre Beobachtungen unserem Institut mit.

Lexikon der Computerrassen

In der Entwicklung des Computers haben sich verschiedene Rassen ausgeprägt, die über ganz unterschiedliche Eigenschaften verfügen und sich so auch für unterschiedliche Anwender eignen. Die wichtigsten Computerrassen möchten wir Ihnen im folgenden vorstellen.

Commodore 64

Der Commodore 64 (liebevoll «C64» genannt) entstand 1983 aus dem Commodore VC 20, der wiederum aus dem Commodore PET (engl. für «Haustier» – sic!) gezogen wurde. Der C64 entwikkelte sich hierzulande rasch zum beliebtesten Heimcomputer und ist es bis heute geblieben. Mehrere Millionen 64er (wie ihn Fans auch nennen) sind verkauft worden, was dazu geführt hat, daß es ein riesiges Angebot an Software und Büchern gibt – die Ernährung dieses Computers stellt also kein Problem dar.

Ansonsten ist der C64 ausgesprochen handzahm, wenn auch ein wenig träge. Wegen seiner Anspruchslosigkeit kommt er auch mit einfachsten Peripheriegeräten zurecht: Diskettenlaufwerk, Joystick und Farbfernseher machen ihn glücklich und damit zu einem angenehmen Hausgenossen. Wegen seiner Widerstandsfähigkeit wird es den C64 wahrscheinlich ewig geben – oder wenigstens solange wie den Citroën 2CV oder den VW Käfer. Zum Arbeiten eignet sich der 64er weniger, weil er einfach zu wenig Intelligenz mitbekommen hat. Zwar kann man ihn zum Textverarbeiten bewegen, eine große Hilfe ist er aber nicht. Wegen seiner netten Art und seiner robusten Psyche eignet er sich auch als Computer für Kinder.

Der C64 ist überall zu haben, wo es elektronisches Spielzeug gibt. Besonders gerne wird er in Super- und Verbrauchermärkten angeboten. Seine Artgenossen sind der C64 II, der etwas moderner aussieht, und der C128, der etwas leistungsfähiger ist.

Commodore Amiga

Beim Commodore Amiga handelt es sich dem Vernehmen nach um eine eigentlich mißlungene Kreuzung aus Videospiel und Supercomputer. Die Züchter der ersten Amigas sind jedenfalls verschollen – vermutlich, weil sie sich so geschämt haben.

Etwa 1985 wurde der erste reinrassige Amiga der staunenden Öffentlichkeit vorgeführt – und zwar vom Popkünstler Andy Warhol in New Yorks größter Diskothek! Mit ähnlich großem Aufwand stellte man den Amiga dann Anfang 1986 in Deutschland vor; hier mußte die Alte Oper in Frankfurt herhalten. Die Moderation übernahm Showmaster Frank Elstner.

Der Amiga hieß zunächst Amiga 1000 und war irgendwie wenig lebenstauglich. Zuwenig Speicher, zu langsam, ein idiotisches Betriebssystem – kurz: er war zu nichts zu gebrauchen. Seine Besitzer liebten ihn trotzdem oder gerade deswegen. Viele Amiga-Freunde wurden sogar zu Amiga-Propheten, die landauf, landab das Hohelied des Amiga trällerten. Ihr Hauptargument für den Amiga war, daß er (bzw. sie, denn eigentlich müßte es ja «die» Amiga heißen) der ideale Kreativcomputer schlechthin wäre, wenn es nur die richtige Software gäbe.

Natürlich gibt es die richtige Software bis heute nicht. Dafür aber den Amiga 500 und den Amiga 2000 (bzw. 2500 oder 3000). Der 500er ist der C64 von morgen, weil er alle dessen Eigenschaften teilt, aber einfach mehr dem Geschmack der neunziger Jahre entspricht; er ist nämlich bunter und lauter!

Der Amiga 2000 und seine Abarten sind dagegen wieder das Ergebnis einer Fehlzüchtung. Leicht verwirrte Ingenieure im schönen Braunschweig wollten nämlich einen MS-DOS-Rechner in den Amiga hineintransplantieren. Rein technisch ist das gelungen, ansonsten ähnelt das Ergebnis dem des berühmten Experiments, bei dem sowjetische Ärzte zwei Hunde jeweils am Hals zusammennähten.

Ansonsten ist auch der Amiga ein angenehmer Computer für zu Hause. An seine Macken und Launen gewöhnt man sich. Und wenn man ihm einen schönen Farbmonitor spendiert, ist er fast der ideale Spielkamerad – auch für Kinder.

Atari ST

Beim Atari ST handelt es sich um eine echte Neuzüchtung, die den Ingenieuren des Paten unter den Computerfabrikanten, Jack Tramiel, in nur sechs Monaten zwischen Herbst 1984 und Frühjahr 1985 gelang. Der ST weckte in allen 64er-Besitzern die Vision von einem richtigen Computer zum C64-Preis. Pustekuchen!

Der ST erwies sich von Anfang an als wilder, ungezähmter und mit viel Eigensinn ausgestatteter Computer. Außerdem wurde er mental mit den in ihn gesetzten Erwartungen nicht fertig. So wiedersetzte er sich allen Versuchen, ihm ein funktionierendes Betriebssystem zu verpassen. Es dauerte Jahre, bis die STs sich an einen Drucker anschließen ließen oder eine Festplatte richtig benutzten. Mehr als alle anderen Computer braucht der ST daher menschliche Liebe und Wärme. Man muß ihn hätscheln und umsorgen. Am liebsten arbeitet er mit Programmen, die ihm sein Herrchen selbst geschrieben hat. Eine Vorliebe für selbstgebastelte Peripherie kommt hinzu. Gleichwohl leben Hunderttausende Atari STs in bundesdeutschen Haushalten. Ja, er wird sogar vereinzelt in Büros angetroffen.

Wegen der großen Schwierigkeiten bei der ST-Zucht entstanden einige Varianten, so z. B. der Mega-ST, der ein einfacher ST mit ganz viel Speicher ist. Diese Mutation ist etwa so lebensfähig wie ein Porsche mit Vier-Achsen-Hänger. Recht neu ist der STE, der so einen feinen Charakter hat und sich im Hause ganz brav verhält. Der STE ist der einzige ST, mit dem man auch Kinder in einem Raum alleine lassen kann.

Apple Macintosh

Der Apple Mac («Macintosh» sagen nur Ignoranten und Apple-Verkäufer – und wo ist da der Unterschied?) ist der besonderste (kann man «besonders» eigentlich steigern?) Computer. Bei ihm lag nämlich nicht nur die Entwicklung der Systemsoftware in den Händen eines schweren Psychopathen, sondern die Entwicklung insgesamt.

Das merkt man dem Mac an, der 1983 entstand und für damalige Verhältnisse einfach genial war. Und die Macs wurden immer genialer. Ihre wichtigste Eigenschaft ist eine grenzenlose Menschenfreundlichkeit. Ein Mac wird seine eigenen Bedürfnisse immer zurückstellen, wenn dadurch die Bedürfnisse des Anwenders tangiert wären.

Deshalb ist er auch der einzige Computer, den man einfach auspacken und ohne weiteres sofort in Betrieb nehmen kann. Ja, wirklich! Selbst die Verpackung ist menschenfreundlich, die Handbücher sind menschenfreundlich, das Betriebssystem ist menschenfreundlich, und alle Programme sind menschenfreundlich.

Der Mac ist der lebende Beweis dafür, was der Geist der sechziger Jahre, der Hippiezeit («love, peace and understanding»), zu bewirken in der Lage ist. Weil der Mac ein Kind dieser Epoche ist, mag er Rockmusik und Batik-T-Shirts. Außerdem begrüßt er seinen Anwender nach dem Einschalten mit einem Lächeln.

Das einzige, was am Mac nicht menschenfreundlich ist, ist der Preis. Der Mac und alles, was zum Mac gehört, sind einfach doppelt so teuer. Doppelt so teuer, wie man es sich leisten kann, doppelt so teuer wie entsprechende Dinge für andere Computer und doppelt so teuer wie moralisch vertretbar. Weil das so ist, gibt es nicht nur Macs auf der Welt, sondern auch schlechtere, aber billigere Computer. Schade, schade.

Den Mac gibt es zur Zeit als Plus, SE, SE/30, IIx, IIcx, IIci, IIfx. Dazu kommen die sündhaft teuren Monitore und Drucker. Fazit: Ein Mac ist der richtige Computer für Lotto-Millionäre.

MÖCHTEST DU MAL MEINEN APPLE PROBIEREN?

MS-DOS-Computer

Der MS-DOS-Rechner ist der Mischling unter den Computern. Er kommt in den unterschiedlichsten Formen, Größen und Charakterprofilen vor. Es gibt schnelle MS-DOS-Computer und langsame, teure und billige, schöne und häßliche.

Wie verbreitet diese «Zamperl» (so nennt der Münchner den Mischlingshund) sind, zeigt sich schon daran, daß es gar keinen verbindlichen Oberbegriff gibt. Bis vor etwa zwei Jahren hießen MS-DOS-Rechner grundsätzlich «PC». Diese Abkürzung bedeutet «personal computer» und ist eigentlich der Name, den IBM dem ersten MS-DOS-Rechner gab. Dieser entstand 1981 und löste nicht nur große Unruhe unter den Computerherstellern aus, sondern auch viele Nachahmungen.

Verbindende Eigenschaft aller PCs war, daß eine CPU vom Typ Intel 8088 eingebaut war und das Betriebssystem MS-DOS darauf lief. Alle Details und Eigenarten des PC wurden von IBM mehr oder weniger veröffentlicht, so daß der PC überall nachgezüchtet werden konnte. Und das taten gerade die fernöstlichen Computerzüchter massenweise.

So kam es, daß heute die meisten Computer MS-DOS-Rechner sind, obwohl die Gemeinsamkeiten zwischen den Vertretern dieser Rasse längst verwischt sind. Zwischen einem ollen Acht-Megahertz-XT und einem 33-Megahertz-386er liegen Welten.

Wie bei den Pferden brachte aber die ungezügelte Züchtung immer neuer MS-DOS-Computer die besten Arbeitstiere hervor. Deshalb sind diese Computer rundum für den schwersten Einsatz in Büro, Geschäft und Firma geeignet.

Andererseits erweisen sich MS-DOS-Rechner als so flexibel, daß man ihnen fast problemlos die Eigenschaften anderer Computer anzüchten kann. Deshalb können Vertreter der MS-DOS-Rechner alles, was die anderen Computer können. Allerdings nie alles auf einmal. So gibt es MS-DOS-Rechner, die so kreativ sind wie ein Amiga, andere sind so preiswert wie ein ST, und die neuesten Vertreter sind fast so menschenfreundlich wie ein Apple Mac.

Mischlingshunde holt man sich aus dem Tierheim, MS-DOS-Rechner vorzugsweise als Gebrauchtrechner.

Praxistip:
«Gebraucht-Computer kaufen»:

Auch gebrauchte Computer sind gute Computer. Grundsätzlich kann man einen gebrauchten Computer nach der gleichen Methode kaufen wie einen Gebrauchtwagen. Wichtigste Informationsquellen sind die Kleinanzeigen in den Computermagazinen. Die Auswahl ist dann groß.

Allerdings kann es passieren, daß der angebotene Wunschcomputer bei einem Flensburger Computerfan steht – und Sie als Käufer wohnen in Konstanz...

Ebenfalls ergiebig sind die Kleinanzeigenteile der Tageszeitungen an Samstagen – zwei bis drei kleine Computer werden dort immer angeboten. Die Auswahl ist also nicht groß, aber die Anfahrt zum Verkäufer kürzer.

Dritte Quelle sind die Computershops. Dort liebt man Leute, die einen Computer aus zweiter Hand kaufen wollen: Sobald Sie das Wort «gebraucht» fallenlassen, wird sich jeder Verkäufer angewidert abwenden.

Bleibt also der Kauf per Anzeige. Suchen Sie sich Angebote heraus, und rufen Sie den Anbieter an. Beginnt dessen Verkaufsgespräch mit einer Schilderung seiner diversen Verbesserungen am angebotenen Gerät, legen Sie kommentarlos auf. In allen anderen Fällen sollten Sie sich auf den Weg machen und den Gebrauchtrechner in Augenschein nehmen. Lassen Sie sich vom Vorbesitzer ein normales Programm (Textverarbeitung, Dateiverwaltung etc.) vorführen. Anschließend nehmen Sie selbst am Rechner Platz. Probieren Sie aus, ob Sie mit dem Monitor klarkommen und ob die Tastatur tatsächlich Ihre Eingaben auf den Bildschirm bringt. Wenn ein Drucker mit angeboten wird, sollten Sie diesen auch in Aktion testen.

Bei den Preisverhandlungen wenden Sie am besten das Basar-Prinzip an: Antworten Sie auf die Preisvorstellung des Verkäufers mit einem Angebot, das etwa ein Drittel niedriger ist. Ignorieren Sie dessen Empörung, und antworten Sie auf seinen Kompromißvorschlag mit einem entsprechend niedrigeren Betrag usw. Wenn der Morgen graut, werden Sie sich dann einig werden...

Wichtig: Schließen Sie einen Kaufvertrag ab! Darin sollten die technischen Daten des Computers verzeichnet sein, der Kaufpreis und das Kaufdatum.

Wichtige Computerbegriffe

Für Computerlaien ist es sehr schwierig, den Diskussionen der Computerkenner zu folgen. Deshalb hier neun praxisgerechte Begriffsbestimmungen, die Ihnen helfen, mitzureden. Besonders bewährt hat sich dieses Smalltalk-Wissen in Gesprächen mit Computerverkäufern. Tatsächlich wird man Sie mit Respekt und Zuvorkommenheit behandeln, wenn Sie z. B. ganz nebenbei ins Gespräch einwerfen, daß Sie auch schon an die Anschaffung einer Workstation gedacht haben.

Neben den neuen Standardbegriffen finden Sie ganz zuletzt eine Liste mit Computerbegriffen, die entweder nicht erklärbar oder schwer erklärbar oder deren Erklärung für den Gebrauch völlig irrelevant ist.

Betriebssystem

Das Betriebssystem ist das Programm, das der Computer unbedingt braucht, wenn Sie ihn nicht nur als Statussymbol oder High-Tech-Dekoration verwenden wollen. Je nachdem, über welchen Computer gesprochen wird, sollten Sie jeweils andere Bemerkungen in eine etwaige Diskussion einstreuen.

Commodore 64: keine Diskussion über das Betriebssystem.

Commodore Amiga: «Kickstart» und «Workbench».

Atari ST: «TOS-ROMs».

Apple Macintosh: «Finder», «Multifinder» und «System Sieben».

MS-DOS-Rechner: «DOS Drei-drei», «DOS Vier-null«, «Windows Drei-null», «UNIX» (sprich: «ju-nicks»).

Bits

Das Atom im Denken des Computers. Alle Gedanken faßt der Rechner in «Eins» oder «Null». Technisch gesehen heißt «Eins», daß eine Spannung von +5 Volt anliegt, die «Null» zeigt sich als −5 Volt. Damit läßt sich alles Wissen dieser Welt beschreiben.

Daß der Computer mit Bits rechnen kann, scheint logisch und wird unter dem Stichwort «Bytes» erklärt – fragt sich nur, wie Bilder und Texte durch Bits repräsentiert werden. Ganz einfach: Ein Schwarzweiß-Bild wird in so viele Punkte («Pixel» genannt) zerlegt, wie der Bildschirm darzustellen in der Lage ist; ein schwarzer Punkt wird als Eins-Bit gespeichert, ein weißer Punkt als Null-Bit. Texte bestehen aus Zeichen. Jedes Zeichen kann durch ein Byte repräsentiert werden (siehe unten).

Bytes

Erstens: Acht Bit sind ein Byte. Zweitens: Alle Computer sprechen die Byte-Sprache. Und so können alle beliebigen Daten gespeichert und verarbeitet werden. Bei Texten ist das genau so einfach wie bei Zahlen und Bildern: Jeder Buchstabe, jedes Zeichen werden durch eine Zahl zwischen 0 und 255 dargestellt. Und genau dieser Zahlenbereich läßt sich durch ein Byte darstellen. Das große «A» trägt z. B. den Code 65, das passende Byte sieht so aus: «10000001».

Sogenannte «Acht-Bit-Rechner» können maximal ein Byte auf einmal verarbeiten, «Sechzehn-Bit-Computer» verwursten zwei Bytes pro Zeiteinheit und «Zweiunddreißig-Bit-Rechner» sogar deren vier – «Vierundsechzig-Bit-Rechner» gibt's noch nicht und wird's wahrscheinlich auch nie geben.

BITTE EIN BIT!

CPU

Diese Abkürzung wird ausschließlich von Insidern verwendet; wenn Sie also CPU (sprich: «ßi-pi-ju») sagen, dann wird Sie jeder für einen Experten halten. Und hier die Begriffserklärung: CPU steht für «central processing unit», was allgemein mit «Zentraleinheit» übersetzt wird. Das Tolle an diesem Begriff ist seine Doppeldeutigkeit: Eigentlich ist die CPU der Kasten, in dem die Teile des Computers außer Bildschirm und Tastatur (jedenfalls fast immer) stecken. Meistens wird das Wort jedoch auf den eingebauten Mikroprozessor gemünzt. Und der trägt bei den persönlichen Computern einen der folgenden Namen:

Intel 8088 (sprich: «Achtzig-Achtundachtzig»)
Intel 80286 (landläufig «Zwo-acht-sechser» genannt)
Intel 80386 (landläufig «Drei-acht-sechser» genannt)
Intel 80486 (landläufig «Vier-acht-sechser» genannt)
Motorola 68000 (sprich: «Achtundsechzig-Tausender»)
Motorola 68020 (sprich: «Achtundsechzig-Null-Zwanzig»)
Motorola 68030 (sprich: «Achtundsechzig-Null-Dreißig»)
Motorola 68040 (sprich: «Achtundsechzig-Null-Vierzig»)
6502 (sprich: «Fünfundsechzig-Null-Zwo»)
Z80 (sprich: «Zett Achtzig»)
RISC-Prozessor

Programm

Der Gummibegriff in allen Gesprächen rund um den Computer. Mit Programm bezeichnet man alles, was zur Software zählt und es dem Anwender ermöglicht, dem Computer Befehle zu erteilen. Insofern ist ein Betriebssystembefehl wie «DIR» genauso ein Programm wie das umfangreiche Desktop-Publishing-System «Ventura Publisher». Eines dürfen Sie nie tun: den Begriff «Programm» im Zusammenhang mit Fernsehen, Varieté oder Theater verwenden.

RAM

Diese Abkürzung steht für «random access memory», zu deutsch «Speicher für wahlfreien Zugriff». Beides klärt die Funktion von RAM kein bißchen. Machen wir es uns einfach: RAM ist der Speicher, der im Computer drin sitzt und Daten nur so lange speichert, wie der Computer eingeschaltet ist. RAM läßt sich in folgenden Begriffen verwenden: RAM-Baustein, RAM-Chip, RAM-Disk. RAM wird in Kilobyte oder Megabyte gemessen, je nachdem, wieviel man hat. Ein Kilobyte entspricht 1024 Bytes, also 1024 Zeichen (siehe «Bytes») oder 8096 Bildpunkten (siehe «Bits»). Ein Megabyte umfaßt 1024 Kilobyte.

Ein moderner Computer hat mindestens 500 KB (das ist die Abkürzung für Kilobyte), ab einem MB (= Megabyte) wird's interessant. Nur der olle Commodore 64 muß sich mit mageren 64 Kilobyte begnügen, der Arme!

ROM

ROM bedeutet «read only memory» und ist so ähnlich wie RAM. Allerdings können ROMs nichts speichern außer dem, was man beim Hersteller hineingeschrieben hat – für den Anwender also völlig uninteressant.

Schnittstelle

Eine Schnittstelle ist immer da vorhanden, wo irgendetwas den Computer berührt. Die offensichtlichsten Schnittstellen sind die Buchsen und/oder Stecker, an denen ein Peripheriegerät angeschlossen wird. Die sogenannte «Mensch-Maschinen-Schnittstelle» ist dagegen eher poetischer Natur – so bezeichnet man nämlich die softwaremäßige Art des Computers, sich vom Menschen behandeln zu lassen.

Schnittstellen neigen dazu, nicht kompatibel zu sein, was bedeutet, daß Stecker nicht auf Buchsen (und umgekehrt) und Menschen nicht zu Maschinen passen.

Software

Software ist alles, was man nicht anfassen kann. Obwohl manche Softwarepakete – wie man so sagt – ganz schön faßbare Ausmaße haben. Software wird selten gekauft, sondern meistens illegal kopiert. Jeder weiß das, und keiner will es gewesen sein. Kaufen Sie Software, so wird man Sie für einen Profi halten und in Computerkreisen ausgesprochen zuvorkommend behandeln.

Smalltalk-Begriffe

Die folgenden Begriffe sind nach Themenkreisen geordnet. Ein Beispiel: Wenn von «Grafikadapter» die Rede ist, verwenden Sie z. B. den Begriff «VGA», wird dagegen über die Rechengeschwindigkeit gefachsimpelt, dann wäre z. B. der Begriff «Benchmark» angebracht.

Themenkreis «Geschwindigkeit»:
- Accelerator-Board (sprich: «äxelerätor bort»)
- Benchmark (sprich: «bänschmark»)
- Cache (sprich: «käsch» oder «kätsch»)
- Landmark
- mittlere Zugriffszeit
- Nanosekunden
- Norton SI
- SCSI (sprich: «skaßi»)
- Taktfrequenz
- Waitstates

Themenkreis «Grafik»:
- 8514 A
- Auflösung
- Bezier-Kurven (sprich: «besié-Kurven»)
- CGA
- EGA
- Farbpalette
- Hercules
- monochrom
- Pixel
- VGA

Themenkreis «Drucker»:
- Epson-kompatibel
- Interface
- parallele Schnittstelle
- Postscript
- serielle Schnittstelle
- Sheetfeeder (sprich: «schietfieder»)
- Treiber

Themenkreis «Zukunftsperspektiven» (nur für Fortgeschrittene):
- Artificial Intelligence (sprich: «artifischl intellidschenz»)
- Connectivity (sprich: «konnektiviti»)
- Hypertext (sprich: «heipertext»)
- Knowledge Navigator (sprich: «nolitsch nawigäter»)
- Multimedia
- NeXT
- Voice Recognition (sprich: «weuß rekognischn»)
- Workstation (sprich: «wörksteschn»)

TILT